太行古道蒲阴陉研究论集

崔玉谦　著

东北大学出版社

·沈　阳·

ⓒ 崔玉谦　2023

图书在版编目（CIP）数据

太行古道蒲阴陉研究论集 / 崔玉谦著. — 沈阳：

东北大学出版社，2024. 7. --ISBN 978-7-5517-3494-3

Ⅳ. ①K292. 24

中国国家版本馆 CIP 数据核字第 202449SL39 号

出 版 者：东北大学出版社
　　　　　地址：沈阳市和平区文化路三号巷 11 号
　　　　　邮编：110819
　　　　　电话：024-83683655（总编室）
　　　　　　　　024-83687331（营销部）
　　　　　网址：http://press.neu.edu.cn
印 刷 者：沈阳市第二市政建设工程公司印刷厂
发 行 者：东北大学出版社
幅面尺寸：170 mm×240 mm
印　　张：11
字　　数：203 千字
出版时间：2024 年 7 月第 1 版
印刷时间：2024 年 7 月第 1 次印刷
策划编辑：周文婷
责任编辑：杨　坤
责任校对：周文婷
封面设计：潘正一
责任出版：初　茗

ISBN 978-7-5517-3494-3　　　　　　　　　　定 价：60.00 元

前　言

　　本书正篇以及附论主题围绕太行八陉之蒲阴陉展开。蒲阴陉为太行八陉中唯一一条全线位于同一省级行政区域（河北）的古道，已有的若干关于太行八陉或断代交通史的研究成果中，没有直接与蒲阴陉相关的，有的成果虽然对这条古道有所提及，但限于论述主题以及论述方式，论述通常较为简略或有基本认识方面的错误。本书从地名的源流着手，论述蒲阴陉的相关问题，关于"陉"字有两种解释，分别是山脉中断的地方以及灶边凸出的部分。太行八陉最初的记载是东晋南朝时期郭缘生的《述征记》，但不能排除在此之前古道已经实际形成只是没有命名，而"陉"字的两个解释对于厘清古道的名称来源均有帮助。

　　关于"蒲阴"这一地名的来源，可以追溯至汉代的蒲阴县（今河北顺平县），不同的史料对其记载有混乱之处。通过对相关材料的梳理对比，可以对"蒲阴"名称的来源从地名角度做一总结："蒲阴"这一名称出现于东汉时期，就现有史料记载来看，多认为系汉章帝改"曲逆"为"蒲阴"，典型材料系西晋司马彪的《续汉书》。《续汉书》虽成书于西晋泰始之后，但仍可作为汉章帝时期改名说的支撑材料，只是何时所改需进一步厘清；《史记集解》引用的曹魏时期文颖的观点。文颖的生平史料记载不详，通过对"建安又七子"之一的繁钦的记载可知，文颖主要生活时代是东汉后期至建安十七年，出自《文选》中的《繁钦集》，故文颖的"今中山蒲阴是"一说较《续汉书》所提的汉章帝改名说，在时间上出现得更早，系东汉后期。

　　关于"蒲阴"的具体解释，《水经注》及相关注疏以及各种地理志书均有相关说明。以《水经注》的记载作为线索分析，"蒲阴"的具体解释涉及相关的县级行政区属地变迁以及流经河流的故道走向，东汉时期确实出现了中山国蒲阴县（城）一级政区，不过该政区何时出现，依靠现有材料不能完全厘清，但就其行政范围来看，涉及秦代的曲逆县（今河北顺平县一带）、西汉时期的中山国曲逆县（今河北顺平县一带），涉及的河流系唐河的支流蒲水、祁水、博水。"蒲阴"最初是作为县级政区名称出现的，因此可以说"蒲阴县（城）"早于"蒲阴陉"。对于作为行政区划的"蒲阴"的解释，三国时期张晏的《汉书注》有解释，后颜师古注《汉书》时继承张晏的观点，清代赵一清在其《水经注释》中确定了这一点，即"蒲水之阴"为"蒲阴"。

通过对地名材料的梳理，著者认为，综合地名形成先后顺序，蒲阴陉出现的时间不早于东汉后期。长期以来关于蒲阴陉为易县（今河北易县）紫荆关道的说法是错误的，应予以更正：东汉以来的蒲阴县位于今河北省顺平县、满城区交界处，以其名命名的古道与各个时期的易县县域无关，也与各个时期的紫荆关区域无关。

关于作为通道的蒲阴陉的形成、走向以及构成和相关支线，通过对北宋北平军相关材料的追溯，结合汉代北平县（今河北省满城区）的材料，以刘邦从平城南归及刘秀与高湖、重连、铜马三支农民军战于蒲阳山为线索，可知至迟在西汉早期，蒲阴县（曲逆县）与北平县之间就已形成了一条南北向的通道即早期蒲阴陉。蒲阴陉途经范围包括汉代的北平县、蒲阴县，北魏蒲城（二代满城故城）、今清苑区白团卫村、阳安关等。以蒲阴县（曲逆县）为中心至北平县之间的南北通道构成了其主体，南北若做比较，则南下通道的重要性更为突出。

通过对五代时期的晋辽战争以及北朝时期魏燕战争的相关材料的分析，阳城（今河北省清苑区阳城镇）一线系蒲阴陉的东南门户，阳城向南基本已是山前平原区域，蒲阴陉作为一条南北通道，阳城白团卫村（今清苑区白团镇西白团卫村一带）应是其南限，蒲阳山、蒲水、蒲阴县、北平县整体系西北向东南的方向，故今清苑区白团卫村一带东南方向为延伸的支线。关于蒲阴陉的北限，根据目前已经掌握的材料来看，可以确定是满城故城，满城故城即唐代的满城县，虽然在宋代之后相关的地名发生了变化，但由满城故城向南至阳城淀一带的这条路线始终发挥着军事方面的作用。通过对严耕望《太行飞狐诸陉道》附论中蒲阴陉相关内容的分析，著者认为蒲阴陉与飞狐陉不论在行政区域上还是自然地形上，二者之间均无直接的关联。严氏附论中关于蒲阴陉的相关内容，引用的材料及具体的事例，多出自唐宋时期，对于典型的如刘秀与几支农民军的追击战的地点，后燕与北魏之间围绕阳城的争夺，以及晋辽战争相关的材料则没有注意。

不论是两汉时期的农民战争还是北魏以及契丹的南下，蒲阴陉作为南北通道均发挥了重要的作用。在五代至北宋初期，这条通道的重要性虽已发生变化，但不论是后晋还是北宋，均利用这条通道的地理优势，在局部的军事战略防御上取得了优势。除了名称以及构成之外，关于这条通道，著者还认为它不同于传统理解中的山间通道，这条通道沟通山区与平原，其支线部分甚至就在平原区域，因此，从其形成开始，便一直在军事上发挥重要作用。故关于太行八陉，亦应该有更深刻的认识。

崔玉谦

目 录

正 篇

附　论

参考文献

正　篇

第一章　绪　论

　　太行八陉是历史上太行山东西麓的八条交通通道，由南向北依次为轵关陉、太行陉、白陉、滏口陉、井陉、飞狐陉、蒲阴陉、军都陉。这八条交通通道发展形成了沟通太行山东西、南北方向的区域性交通要道。就八条古道的具体分布而言，其中七条存在不同程度的跨省域现象，轵关陉、太行陉、白陉地跨今河南、山西省，滏口陉、井陉、飞狐陉地跨今山西、河北省，军都陉地跨今北京市、河北省，唯一一条不跨省域的通道是蒲阴陉。关于蒲阴陉的研究成果，相关的专论有所缺失（从整体性角度看待八陉，已有的研究成果以综合性论述为主；若具体到其中一条陉道，相关的研究成果分布很不均衡，就本书所探讨的蒲阴陉而言，截至目前还没有历史学角度的专门论述），且视角各不相同，下文分几个角度对相关研究成果进行梳理。

　　关于太行八陉的整体论述，代表性的有王尚义、李玉轩、马义娟在《从历史流域研究审视历史地理学的时代使命》中论及"历史时期太行八陉以其特殊的地理位置和自然险要起过重要作用。太行八陉是古代战争的必争之地，战争又促进了交通的发展，因而，太行八陉由关隘驿站逐步拓展为今日交通之干线直至高速公路。太行八陉由其地貌形态孕育出来的自然景点，拟以人文色彩，与已开发的名胜古迹相融合，形成有较高价值的旅游、观赏和疗养资源，将这些资源进行科学地规划与开发具有重要意义"[①]。除此之外，张祖群等在《试论首都经济圈内部（晋-京津冀）的空间联系与文化变迁——基于"太行八陉"线路文化遗产之概念》中论及"从太行八陉看历史上山西与河北、北京的空间联系：第一，南北侧重不同，唐代'安史之乱'之前，空间联系以南四陉为主；宋朝'靖康之乱'之后，空间联系以北四陉为主。第二，东西

[①] 王尚义，李玉轩，马义娟. 从历史流域研究审视历史地理学的时代使命［C］//地理学核心问题与主线：中国地理学会 2011 年学术年会暨中国科学院新疆生态与地理研究所建所五十年庆典论文集. 乌鲁木齐，2011：194.

侧重不同，以北京为中心形成的交通网络，东西功能迥异"①；在《京津冀区域旅游竞合模式初步研究》中论及"从线路文化遗产之概念变迁入手，探讨首都经济圈内部（晋-京津冀）的空间联系与文化变迁……重新审视包括'太行八陉'在内的众多线路文化遗产，需要重新发掘其交通意义和旅游文化意义"②。仅从这三则论述来看，关于太行八陉的研究成果似乎多集中于整体地理沿革以及现实层面的若干问题，例如针对相关区域旅游资源开发等，关于太行八陉的源流并不关注，具体到每一条陉道的形成过程以及历史时期的变化等，就更为忽略了。就这三则代表性论述而言，具体提到蒲阴陉时，均沿用顾祖禹《读史方舆纪要》中的观点，认为蒲阴陉系紫荆关道③。顾祖禹的观点明显有误，但以上三则论述限于主题等原因并未对其进行考辨分析及纠正。著者在此并不是做关于太行八陉的学术史回顾，研究主题系蒲阴陉，而不是太行八陉全部。太行八陉既然是八条古道，其形成必有相关的历史过程，而地名的变化涉及各条通道具体的形成时代，应是研究相关问题的入口，但相关的整体性研究成果并未对此进行论述，忽略了蒲阴地名的缘由及变化情况。除上述研究成果，关于交通史的部分研究成果对于太行八陉也有涉及，有代表性的成果如严耕望《唐代交通图考：第五卷（河东河北卷）》④，其在论述上虽没有沿用顾祖禹《读史方舆纪要》中的观点，但由于论述主题差异，在具体论述上模糊了飞狐陉与蒲阴陉的差异，采取的论述形式系"太行飞狐诸陉道"。然而，飞狐陉与蒲阴陉本就是两条不同的道路，二者有时空上的明显差异，不具备直接的连接性，但严耕望由于论述主题原因，忽略了这一点。严耕望在论述中提出了"古蒲阴道"的概念，这一概念对于蒲阴陉名称由来的厘清有帮助，但其史料引用以及分析存在解读错误，需要进一步的分析、考辨。

除了整体性的研究成果，具体到蒲阴陉，仅有的一篇直接与其相关的学位论文，亦是从乡村地理及旅游资源开发角度切入的。邱赫楠在《蒲阴陉沿线关

---

① 张祖群. 试论首都经济圈内部（晋-京津冀）的空间联系与文化变迁：基于"太行八陉"线路文化遗产之概念［C］//京津冀晋蒙区域协作论坛论文集. 北京，2012：49-60.

② 张祖群，王子杰，崔旭. 京津冀区域旅游竞合模式初步研究［C］//中国道路：理论与实践：第三届北京中青年社科理论人才"百人工程"学者论坛论文集. 北京，2009：362-375.

③ 除了上页所引成果之外，王尚义在《刍议太行八陉及其历史变迁》一文中亦认为太行八陉的说法出自《读史方舆纪要》所引文献（《地理研究》，1997年第1期）. 著者在前期初步资料梳理过程中结合相关行政区划的调整情况，初步认为蒲阴陉是八条古道中唯一一条不跨省域的通道甚至是唯一一条全线位于同一地市级行政区（保定市）的古道，《读史方舆纪要》的观点明显有误.

④ 严耕望. 唐代交通图考：第五卷（河东河北区）［M］. 上海：上海古籍出版社，2007：487.

隘型村落特征研究》中论述"蒲阴陉是太行八陉中的'第七陉',曾经是平原地区和蒙古高原地区进行经济贸易的重要通道,同时在战争时期也是抵御外来游牧民族入侵的重要屏障,随着历史变迁,这条道路沿线产生了独具特色的村落类型——关隘型村落"①,蒲阴陉的重要性在论文中可以看出,"蒲阴陉的历史唐宋以前见于记载的不多,自金元定都北京以后,蒲阴陉作为京都的西门户,其位置至为重要"②。这篇论文对蒲阴陉的认识也是直接参照顾祖禹《读史方舆纪要》中的观点,认为蒲阴陉系紫荆关道。但疑问也由此产生——"蒲阴陉作为京都的西门户",所指的显然是北京作为都城之后元明清三朝的情况,而元明清三朝在时间上与太行八陉形成的时间以及背景明显不一致。除了这篇学位论文之外,从行政区划变迁角度整体论述北三陉的一篇学位论文对于蒲阴陉有如下描述:"蒲阴陉的得名缘由,目前尚未找到确切依据。蒲阴,著者发现史料中出现较多的是蒲阴县。东汉元和三年(86),由曲逆县改置为蒲阴县,北齐天保七年(556)废。曲逆县在今河北省保定市顺平县东南。宋太平兴国元年(976)改义丰置蒲阴县,在今河北省保定市安国县,而顺平县、安国县相比易县距离今蒲阴陉较远。……而蒲阴陉之名,主要缘于《读史方舆纪要》中转引的《述征记》。"③ 这篇论文限于论述主题,并未对蒲阴陉的名称来源以及变化进行分析,但明确指出了两点:第一点,蒲阴陉的得名缘由目前尚未找到确切依据;第二点,蒲阴陉之名,主要缘于《读史方舆纪要》中转引的《述征记》,而转引的具体情况作者则未做进一步说明。对蒲阴陉相似的认识在段彬《何以八陉——"太行八陉"概念的形成与反思》中也有提及,该文虽是从整体角度论述太行八陉概念,但论述的角度主要系对这一概念的反思,文章中提及"八陉说最早见于晋宋之际郭缘生的《述征记》。因该书早佚……不同观点主要集中在蒲阴等个别陉口的位置考证上"④,"对八陉文本的加工始于《元和志》。书中引文虽冠以《述征记》曰,实际却在原文基础上

①② 邱赫楠. 蒲阴陉沿线关隘型村落特征研究 [D]. 天津:河北工业大学,2017:14. 除了邱赫楠的这篇学位论文之外,著者检索查询到一篇主题直接涉及蒲阴陉的文章,网文《走不完的太行山之太行八陉(蒲阴陉)》,该文发布于网络新媒体"长治山河户外公众号",属于游记性质. 文中对于蒲阴陉有描述"蒲阴陉古人把它列为太行八陉的第七陉. 从易县西通涞源、山西灵丘,从灵丘往北就一路直抵大同了,已然便是蒙古高原的边缘. 所以,这条通道在古时就是一条现成的进军路线,北方高原的骑兵,南下大同,经此可直达河北内地……这条古道实际上也就是拒马河上游的河谷. 这里已经相当靠近北京了,历史上这里发生的战事,大都是直接为了争占北京",从文字上看描述较为随意,不同于严肃的学术论著,但该路线的重要性也不难看出.

③ 赵爽. 七至十二世纪北三陉地区行政归属变迁 [D]. 石家庄:河北师范大学,2022:6.

④ 段彬. 何以八陉:"太行八陉"概念的形成与反思 [J]. 中国历史地理论丛,2023(2):121-129.

有不少变更……对蒲阴等陉的具体位置一字未提"①，"汉晋蒲阴县治在今河北顺平县东南，蒲水与易县紫荆关道亦无交集，明人关于蒲阴陉位置的说法必然有误。可这类认识也随《述征记》《元和志》的内容一起成为讨论八陉的依据"②。段彬的论文明确了两点：第一点，直指明代学者的认识有误，主要指顾祖禹的观点，但这一错误的依据并未被之后的研究成果纠正，这是认识蒲阴陉的基础性问题；第二点，《述征记》一书的转引明显存在被改动的情况，但这一情况并未引起重视，之后的研究成果基本沿用错误的结果。从关于太行八陉的整体性研究成果以及部分涉及蒲阴陉的成果来看，对于蒲阴陉的名称及其来源、具体走向及方位等基础性问题存在明显的错误认识，鉴于此，需要对这一问题进行基本分析，即厘清蒲阴陉名称的来源，以及结合相关史料对蒲阴陉名称不同时期的变化做出考辨，以纠正一直以来的错误认识。

除了上文所述两个研究成果以外，其余的相关研究成果也多是从沿线村落、地理空间（"红色旅游"③，八条古道沿线都有丰富的红色旅游资源；村落、地理空间亦与区域文化④有关）等角度展开，如谷更有、史广峰《太行山东麓的古村落及其历史文化研究：以井陉县域为中心》⑤（虽然是以今石家庄市井陉县域为中心展开，但八条古道的沿线村落有其相似性），高海生、季娜娜《河北南部对接环京津休闲旅游产业带研究》⑥，高海生、张葳、从佳琦《环京津休闲旅游产业带建设对环京津贫困带经济发展的影响力分析》⑦等，都是在论述区域旅游资源问题时对太行八陉有所提及，部分关于古北岳庙的研究成果也是如此⑧。

---

①② 段彬. 何以八陉："太行八陉"概念的形成与反思［J］. 中国历史地理论丛，2023（2）：121-129.

③ 关于"红色旅游"的具体定义，可参考田晓平、高海生、沈和江、周进军的《红色精神谱系教育传承标准化理论研究与实践探索》.

④ 宫云维. 中国大陆地区区域史研究的历程及其特征［C］//"江南区域环境与社会变迁"学术研讨会会议论文集. 杭州，2018. 从旅游资源的角度来看，八条古道本身即道桥工程类的遗迹资源，有相应的发掘价值（参考：郑岩，崔广彬. 旅游资源概论［M］. 哈尔滨：黑龙江人民出版社，2007）.

⑤ 谷更有，史广峰. 太行山东麓的古村落及其历史文化研究：以井陉县域为中心［M］. 北京：中国社会科学出版社，2020：14.

⑥ 高海生，季娜娜. 河北南部对接环京津休闲旅游产业带研究：河北省旅游高层论坛（磁县）研讨会综述［J］. 经济论坛，2009（4）：85-87.

⑦ 高海生，张葳，从佳琦. 环京津休闲旅游产业带建设对环京津贫困带经济发展的影响力分析［C］//京津冀区域协调发展学术研讨会论文集. 北京，2009：87-95.

⑧ 杨倩描. 关于重建古北岳庙的建议［M］//曹保刚. 智库的建言. 石家庄：河北人民出版社，2016：42-43.

综上所述，结合对已有的研究成果的针对性梳理，蒲阴陉作为太行山东麓的一条古道，在对其基本认识有误的情况下，本书拟结合相关史料，对相关研究成果进行对比分析、考辨，以得出相关结论。本书在具体内容上拟对如下几个问题做出研究：首先厘清蒲阴陉名称由来，其次在厘清名称由来的基础上对于蒲阴陉的实际形成、若干走向、支线等问题展开研究分析，展开的过程需结合不同时期的材料。由于该主题在时间上具有跨度，故选择3—12世纪这一时段的若干典型问题进行论述。

第二章　蒲阴陉得名缘由分析
及其名称形成问题

这一部分内容系结合相关材料，对蒲阴陉的得名缘由进行分析。作为一条通道，其得名缘由与其具体走向以及所经区域密切相关，简言之，若要分析蒲阴陉的形成时间以及走向、所经区域等问题，就要厘清其名称由来。

一　"蒲阴陉"之"陉"字含义考察——对于相关材料的分析

不论是蒲阴陉还是其他的七条古道，其名称由来除了与沿线的地名相关，亦与"陉"字的早期含义有关。因此，"陉"字的含义，早期的材料记载不能忽视。关于太行八陉①的整体情况，《读史方舆纪要》有整体性记载：

> 《述征记》：太行首始河内，北至幽州，凡百岭，诸山皆因地立名，实一太行也。连亘十三州之界。有八陉：《尔雅》：连山中断为陉。第一轵关陉，见济源县，第二太行陉，见河内县。《十六国春秋》：慕容永屯

---

① 本书论及太行八陉，集中于史料文献记载分析，史料是论述基础. 八条通道，如果从考古学视角，也可以有不同的认识，八条通道均是客观上形成的，不同时期有不同的功能. 考古学方面的材料，由于考古发现的客观情况不尽相同，如滏口陉的叙述"滏口陉道作为太行山中段的一条重要孔道，是豫北冀南地区与晋东南地区文化互动的主干道. 从考古学文化之间的互动关系和相关遗址的时空分布特点可知，这条通道在仰韶时期可能已经开通. 之后，该通道持续发展，终成通衢……该通道的功用在早期时较为单一，主要供人们日常通行所用，在龙山及其以后的先秦时期，逐渐表现出较强的政治、军事色彩"（参见：高江涛. 商代经略晋南的交通道路初探 [C] //殷墟科学发掘90周年纪念大会暨殷墟发展与考古论坛论文集. 安阳，2018.），其余七条通道不排除有相似情况，但限于考古材料，故本书论述蒲阴陉相关问题，以史料文献为基础，考古材料视具体问题而定. 截至目前，关于蒲阴陉的相关考古材料，数量稀少.

轵关，杜太行口以拒慕容垂。此二陉也。第三白陉，<u>见卫辉府辉县</u>。第四滏口陉，<u>见彰德府磁州</u>。第五井陉，<u>在北直获鹿县</u>，见北直重险。第六飞狐陉，<u>在山西蔚州</u>，见山西重险。第七蒲阴陉，<u>在北直易州，见重险紫荆关</u>。第八军都陉，<u>在北直昌平州，见重险居庸关</u>。①

太行山跨越了今河南、河北、山西、北京四省市，《读史方舆纪要》对于太行山的记述集中于河南政区沿革部分，关于太行八陉来源的说法，出自《述征记》一书。上文这则材料，画线部分系《述征记》对于相关名称的判定，依据是"因地立名"。这则材料可以分为两部分，不画线的部分系《述征记》的内容，画线的部分则系顾祖禹结合明代的情况做出的解释，这就产生了一个问题：用明代的行政区划情况解释《述征记》的内容显然是错误的，也与《述征记》"因地立名"的原则不符，二者的时空背景有明显的变化。《述征记》的内容如何理解应从其成书背景及时代进行分析。（从著者前期资料梳理情况来看，在《方舆纪要》一书中，顾祖禹也并未对其给出的若干解释有进一步分析，下文阐述有关问题时会有详述。）

关于这部书，已有相关论述："郭缘生《述征记》是唐前文人行役记的代表，具有行记的体例、地志的内容，记载了晋末宋初郭氏跟随刘裕北伐慕容燕、西征姚秦的沿途所见。原书已佚，古无辑本，佚文多见古书征引，但诸书只是摘录转述，无完整传录者，故此书至今仍未经系统整理，呈散乱状态。"②《述征记》作者是东晋刘宋时期的郭缘生。郭氏以军事地理的角度入手根据刘宋北伐的所见所闻写成该书，此书后来曾佚亡，至今仍处于凌乱状态，没有相对完善的整理本，因此各种研究成果对该书内容的引用也比较凌乱。不过，结合该书，有一点可以确定，即太行八陉的整体说法在东晋刘宋之际已经形成。除了《述征记》，顾祖禹还引用了《十六国春秋》一书，关于这部书，相关的整理成果较郭著丰富，有论述："《十六国春秋》托名为北魏崔鸿著，实为明代屠乔孙著。不过，这部书名伪而实非伪，<u>应该说是一部有据可查的史书</u>。该书内容基本出自《晋书》《资治通鉴》《太平御览》《魏书》《北史》《水经注》《古今刀剑录》《初学记》《小名录》《北堂书钞》等书，所涉史籍近二十种。"③ 结合上述两部书的相关内容，在东晋十六国时期，太行八陉的整体说

---

① 顾祖禹. 读史方舆纪要：卷四六（河南一）[M]. 北京：中华书局，2005：2094.

② 邢培顺，王明东. 刘裕北伐僚属地志作品考论 [J]. 古籍整理研究学刊，2018（2）：1-4.

③ 崔会琴. 十六国北朝时期敦煌大族及其家风研究 [D]. 武汉：华中师范大学，2016：16.

法已有，其原始出处是否是《述征记》《十六国春秋》，需要其他的史料进行佐证，在此不再赘述。但有一点可以明确，即以东晋十六国时期作为一个时间点，在此之前，八条通道的形成应有时间的先后，简言之，八条通道不是同时形成的。

《读史方舆纪要》对于"陉"的解释，引用材料系《尔雅》（系辞书性质，收集了比较丰富的古代汉语词汇，但关于该书的版本有争议，集中于是否有词汇的删减，尤其是相关注疏本①），词语含义的解释固然重要，但字、词本身的解释存在差别。《说文解字》系中国第一部系统地分析字形的专书，完整地保存了小篆和部分先秦古文字的形体，反映了上古汉语的面貌。《说文解字》对"陉"字亦有解释：

> 山绝坎也。释山曰。山绝、陉。按今尔雅夺坎字。郭注云。连山中断绝。非是。陉者、领也。……凡天下之地势。两山之间必有川焉。则两川之间必有山焉。是为坎象。坎者、陷也。陷者、高下也。高在下间为陷。陉者、一山在两川之闲。故曰山绝坎。②

段玉裁的注解直接指出了郭璞对《尔雅》做的注存在缺字现象。段氏结合对地形的理解，以及"陉"字的字形，对其做了解释，释义偏向于"陉"指自然形成的山间通道。除了词典、字书之外，其他使用"陉"字的材料也值得重视，尤其是早期的史料。先看《史记》的几则记载及注文：

> 赵与之陉，然赵希并将代、赵之兵，与诸军向井陉之侧，共出定州上曲阳县，合军攻取丹丘、华阳、鸱上之关。③
>
> 【集解】：徐广曰："一作'陆'，又作'陉'。或宜言'赵与之陉'。陉者山绝之名。常山有井陉，中山有苦陉，上党有阏与。"④
>
> 【正义】：与音与。陉音荆。陉，陉山也，在并州陉县东南十八里。⑤
>
> 齐师进次于陉。夏，楚王使屈完将兵扞齐，齐师退次召陵。⑥
>
> 【集解】：杜预曰："陉，楚地，颍川召陵县南有陉亭。"左传曰："凡

---

① 崔枢华.《尔雅义疏》王删说献疑［M］//京师论衡：北京师范大学中文系百年校庆学术论文选. 2002：344.

② 崔枢华，何宗慧. 标点注音《说文解字》［M］. 北京：北京师范大学出版社，2000：646.

③④⑤ 司马迁. 史记：卷四三·赵世家第十三［M］. 北京：中华书局，1982：1811.

⑥ 司马迁. 史记：卷三二·齐太公世家第二［M］. 北京：中华书局，1982：1489.

师一宿为舍，再宿为信，过信为次。"①

克舍之，丑父遂得亡归齐。於是晋军追齐至马陵。②

【集解】：徐广曰："一作'陉'。"骃案：贾逵曰"马陉，齐地也"。③

从列举的《史记》中的几则记载及注文来看，"陉"字的解释有三种，第一种和《尔雅》的解释相似，"陉者山绝之名""井陉之侧"即山间的小路；第二种为具体的地名，但涉及的诸侯国情况有差别，如楚国的地名"陉亭"；第三种也与地名有关，如齐国的地名"马陉"。三种解释涉及的材料均与战争有直接关联。不论是"陉亭"还是"马陉"，均不位于山区，就具体材料背景而言，仅是具体的战争地点（《尔雅》《说文解字注》的解释显然有局限性，地名中含有"陉"字的地方不仅仅出现在山区，平原地区亦有）。

几则材料涉及《史记正义》《史记集解》以及徐广、杜预的注文。相关注文之间的关系，仅以《史记集解》与徐广注文相关联，"裴骃之前专门的《史记》注家甚少，到裴骃时代，早期《史记》注作大多亡佚。东晋徐广的《史记音义》成了裴骃做注的主要参考文献……据统计，三家注共引徐广2433条，其中集解所引2250条，占百分之九十以上。徐广注数量之多，在整个三家注中最为突出。在三家注所引所有各家中，注文条数逾千条者唯有徐广一家。《史记集解》共有二百五十余条裴骃'案语'，而'案语'针对徐广注而发者就达二百二十余条，约占百分之九十。由此可见其对徐广的重视程度"④。徐广的注释多系音注、词注，裴骃在集解的过程中对此多有参考，在此之后的两个注本对徐广注也多有参考。值得注意的是，裴骃生活时代之前的史记注本大多亡佚，而裴骃、徐广二人生活的时代均系东晋南朝时期，由此可见，与"陉"字相关的解释不论是何种形式，时间点上均产生于这一时期。关于徐广，在此可做介绍：

> 徐广，字野民，东莞姑幕人也。父藻，都水使者。兄邈，太子前卫率。家世好学，至广尤精，百家数术，无不研览。谢玄为州，辟广从事西曹。又谯王司马恬镇北参军。晋孝武帝以广博学，除为秘书郎，校书秘阁，增置职僚。转员外散骑侍郎，领校书如故。⑤

---

① 司马迁. 史记：卷三二·齐太公世家第二［M］. 北京：中华书局，1982：1489.

②③ 同①1497.

④ 应三玉.《史记集解》考［J］. 古籍整理研究学刊，2005（2）：42-47.

⑤ 沈约. 宋书：卷五五·徐广传［M］. 北京：中华书局，1983：1547-1548.

徐广亦是家学传承，东晋时期即以博学著称，"徐广的《史记音义》是最早的《史记》注本之一，此书写成之后在当时产生了较大影响，裴骃的《史记集解》就是主要以徐广的《史记音义》为基础写成的，徐广的注释也因此得以保存下来"①。综合各注家对史记所作的注文及《读史方舆纪要》的引文，虽然具体的时空对象有所区别，但涉及的具体文献在时间上则基本处于同一时期，即东晋至刘宋时期，郭缘生、裴骃、徐广均生活在刘宋时期。不论《史记》本文还是其各种注本，成书均在西汉中期之后，在其之前对于"陉"字的解释，可参见以下几则材料：

> （僖公）四年，春，王正月，公会齐侯、宋公、陈侯、卫侯、郑伯、许男、曹伯侵蔡。蔡溃。遂伐楚，次于陉。溃之为言上下不相得也。侵，浅事也。侵蔡而蔡溃。以桓公为知所侵也，不土其地，不分其民，明正也。②

> （僖公二十二年）秋，八月，丁未，及邾人战于升陉。内讳败，举其可道者也。不言其人，以吾败也。不言及之者，为内讳也。③

僖公四年、僖公二十二年在时间点上远早于上文所引用的《史记》及其注文，对应的时间点是春秋中期。以上两则材料出自《春秋谷梁传》（以下简称《谷梁传》），"春秋三传"中研究《谷梁传》的人最少，《四库全书》仅收录三部研究《谷梁传》的专著。而汉代学者认为《谷梁传》是鲁学，与早期儒家学派关系最为密切。《谷梁传》对于《春秋》的解释和对于春秋时代史实的描绘，在思孟学派、荀韩学派的著作中，或多或少都可以看到；秦汉之际陆贾的《新语》更是较多地引用了《谷梁传》的内容，体现了儒家学者在战国秦汉之际，数代人从事经学研习（创作）和教育传播的过程④。就出现在具体内容中的"陉"字的含义来看，更多的还是指具体的地名，且相关的区域集中于中原及淮水地区，与太行八陉有相似性的一点即与军事战争有背景关

---

① 崔芸.《史记》"三家注"研究 [D]. 广州：暨南大学，2004：38.

② 谷梁赤. 春秋谷梁传·僖公四年 [M]. 上海：上海古籍出版社，1999：215.

③ 谷梁赤. 春秋谷梁传·僖公二十二年 [M]. 上海：上海古籍出版社，1999：272.

④ 武黎嵩. 春秋穀梁经传综合研究 [D]. 南京：南京大学，2011. 还可参见：武黎嵩. 始推阴阳、为儒者宗：董仲舒"春秋决狱"的"忍杀"一面：西汉中期淮南、衡山之狱探微 [J]. 复旦政治哲学评论，2018（2）：247-260.

联。僖公四年"伐楚，次于陉"的记载与上文《史记集解》引用的杜预案语相一致，指陉亭。再看《尚书古文疏证》的两则记载：

> 分水岭之地，今不可考，曾有人登雁门，逾夏屋，极目于句汪广武之间，而知陉山形如人字，一脊中分。山南据脊，则利归山南。山北据脊，则利归山北。①

> 上党关，西关也，今吾儿峪，元所更名，先属壶关，今属黎城。则壶口关，东关也。研音陉，未详何地。而上党旧辖沾县，北接井陉。亦辖涅氏，北通盘陀。皆石陉，故名。则石研关，北关也。②

《尚书古文疏证》是清初阎若璩编撰的论文集，针对古文《尚书》的若干作伪问题展开讨论。虽然关于此书的评价并不一致，"《疏证》是根据作者的主观想象进行大胆假设，而用二难推理进行小心求证"③，"阎若璩最著名的著作要数他的《尚书古文疏证》一书，是第一个为古文《尚书》下定论的学者，在学术界产生了巨大的轰动，这也是阎若璩在文献辨伪方面取得的影响最大的成就"④。但阎若璩关于"陉"字的解释相较于上文所引用的《谷梁传》的记载，有其合理、便于理解之处。阎认为"陉"含有分水岭之意，尤有人字山形之意，与战争中要冲之地的选择有关联，"陉"指山脊一线，山脊一线系自然形成，这一点与太行八陉相同，但仅仅指山脊线，不具备形成交通路线的条件；除此之外，在字形上也有通假现象，即用"陉"字代替其他字（早期汉字的字形变化，也会导致相关含义的变化⑤）。再看《礼记》的记载：

> 邾娄复之以矢，盖自战于升陉始也。鲁妇人之髽而吊也，自败于台鲐始也。⑥

①② 阎若璩. 尚书古文疏证：卷六上第九〇条 [M]. 上海：上海古籍出版社，2013：740.

③ 杨善群. 评阎若璩的二难推理：《尚书古文疏证》研究之二 [M]. 北京：北京大学出版社，2012. 还可参见：崔冠华. 阎若璩与丁若镛古文《尚书》考辨比较研究 [M]. 秦皇岛：燕山大学出版社，2016.

④ 范立舟，臧俊改. 阎若璩《尚书古文疏证》的学术价值及其思想史意义 [M] //国际儒学研究（第19辑）. 北京：九州出版社，2012. 还可参见：崔冠华. 阎若璩与丁若镛古文《尚书》考辨比较研究 [M]. 秦皇岛：燕山大学出版社，2016：64.

⑤ 崔智博.《战国文字字形表》[M] //中国文字研究：第34辑. 上海：华东师范大学出版社，2021：39-47.

⑥ 礼记：卷三·檀弓 [M]. 崔高维，校点. 沈阳：辽宁教育出版社，1997：64.

《礼记》的记载亦是"战于升陉",可解释为升陉之战,该书系后世学者汇集而成的孔子及其后学传述礼制、论说礼仪的著作,成书的时代亦是在两汉时期①。关于这次战争的记载,《左传》记载得更全面:

> 伐邾,取须句,反其君焉。礼也。②
>
> 邾人以须句故出师。公卑邾,不设备而御之。臧文仲曰:国无小……,犹无不难也。无不惧也。况我小国乎。君其无谓邾小,蜂虿有毒,而况国乎,弗听。八月,丁未,公及邾师战于升陉,我师败绩。邾人获公胄,悬诸鱼门。③

《左传》的记载与上文列举的《尚书古文疏证》的材料有所区别,升陉是鲁国与邾国的战争地点,并非具体的交通路线。综合上文的论述,可得出以下结论:《谷梁传》《尚书》《礼记》《左传》等早期史料均与孔子及其后学有关,引用的材料就具体事件而言有相似性,不论是"陉亭""马陉",还是"升陉",所指均不是交通道路,而是具体的地名,且相关的地点均不位于山区,而位于平原地带,可见《尔雅》对"陉"字的解释,明显不全面。结合地名的具体情况来看,地名的形成本身有其复杂性,尤其是涉及山水、行政区划的地名,仅以河北省的部分地名为例,"地名用字具有相对的稳固性,因此很多地名用字保留了古时的形、音、义……当时的自造字,但符合汉字的构造理据,经社会约定俗成后固定下来,沿用至今"④,可见上文涉及的春秋时期楚国、齐国、鲁国的几个地名,名称中虽然出现了"陉"字,但不排除是沿用古字的形、音、义等。由此也可确定一点,即"陉"字的含义不止于《尔雅》中的定义,即"连山中断为陉",作为具体地名中的用字,需结合具体情况做进一步识读。上文所引用的部分文献,例如《左传》,不排除个别的地名用字存在误解,已有学者解释过具体例证,例如"山"字的解释⑤。

关于今河北地区的地名,已有的研究成果认为相关城市的名称一般与其所

---

① 礼记:卷三·檀弓 [M]. 崔高维,校点. 沈阳:辽宁教育出版社,1997:46.

② 左丘明:左传·僖公二十二年 [M]. 长沙:岳麓书社,2008:150.

③ 同②150-151.

④ 黄宁宁. 河北山水地名和政区地名用字探析 [D]. 重庆:四川外国语大学,2016.

⑤ 崔枢华."三周华不注"解 [M] //王问渔. 训诂学的研究与应用. 呼和浩特:内蒙古人民出版社,1986:345-356.

在地的自然及人文条件有关。地名涉及"陉"字的地点，或在山侧，因以方向命名；或以其原来所在的府州军镇关隘乡亭的名称音形相近的字命名①，而这几种命名形式，均可用以解释"陉"字。"陉"字出现在具体的地名中或许与其本义没有关系，但由于地名的固定性与规律性，一旦形成，就会长期保持。仅以河北地区的县级地名来看，"县名使用的时期长短不一，最久的有两千多年，其次为一千五百年以上、一千年以上、五百年以上、一百年以上。当然，百年以下也还是有的"②，这一结论，对于下文继续解释"蒲阴"的名称源流是有参照意义的。"陉"字作为具体地名中的用字，在先秦、两汉时期广泛出现于各类史料记载中，太行八陉整体性的说法至迟在东晋刘宋时期已经出现。《尔雅》中已有对"陉"字的解释，但有其局限性，具体到太行八陉中每一条古道的名称，"陉"字的含义均应有所差异。因此，对于"蒲阴陉"中"陉"字的解释应结合"蒲阴"再做进一步解释。

二、"蒲阴"名称来源考辨——结合秦汉时期地名 变化相关材料的分析

上文已有论述，太行八陉是历史时期横穿太行山东西麓的八条自然通道，由南向北依次为轵关陉、太行陉、白陉、滏口陉、井陉、飞狐陉、蒲阴陉、军都陉。八条自然通道在历史发展过程中均成为沟通太行山东西、南北方向的区域性交通要道。就八条古道的具体分布而言，其中的七条不同程度地存在跨省域现象，轵关陉、太行陉、白陉地跨今河南、山西省，滏口陉、井陉、飞狐陉地跨今山西、河北省，军都陉地跨今北京市、河北省，唯——条不跨省域的通道是蒲阴陉。关于"陉"字的解释，上文已结合早期部分史料做出了相关分析，此部分也将结合部分史料做出关于"蒲阴"的考辨。就"蒲阴陉"全称而言，"陉"字不论做何种解释，均不指具体地名，但"蒲阴"则是具体地名（地名是社会发展到一定阶段的产物，并有其演变过程。一个地方，在各个时

---

①② 曹尔琴. 河北省及北京市、天津市古今县释名 [J]. 中国历史地理论丛, 1985 (1)：48-75. 关于河北区域地名的整体情况，还可参见：崔金星. 河北地名文化 [M]. 石家庄：河北教育出版社，2017.

期往往有不同名称，属地也常有变化①。不同名称与属地变化，这两点系具体分析的线索），本部分即以此为线索，做出相关分析。

本部分将对蒲阴陉名称的由来进行考辨。古道名称的由来问题关系太行八陉的整体形成时间，上文所引用的研究成果，均未对这八条古道的形成时间做出分析。八条古道各不相连，跨越今四个省市，沿途的地貌情况复杂，仅从八条古道涉及的地域来看，有一点可先做说明：八条古道绝非同一时间形成，"太行八陉"出现的前提即八条古道均已形成并发挥相应作用。具体到蒲阴陉，这一前提显然是适用的。先看《史记》的三则记载：

> 十一年，高祖在邯郸诛豨等未毕，豨将侯敞将万馀人游行，王黄军曲逆，张春渡河。②
>
> 集解文颖曰："今中山蒲阴是。"③
>
> 高帝南过曲逆。④
>
> 【集解】：地理志县属中山也。⑤
>
> 【索隐】：章帝丑其名，改云蒲阴也。上其城，望见其屋室甚大，曰："壮哉县！吾行天下，独见洛阳与是耳"。⑥
>
> 十一年冬，汉兵击斩陈豨将侯敞、王黄于曲逆下，破豨将张春於聊城。⑦
>
> 【正义】：定州北平县东南十五里蒲阴故城是也。⑧

以上三则材料出自不同的传记，但记载的系同一事件，即刘邦与陈豨的邯郸之战中，陈豨的主力被打败之后，其部下王黄率余部北上至曲逆一带，汉军尾随北上。三位注家对于材料中出现的地名均做了注解，具体的表述虽然有所差别，但共同点即在地名上"曲逆"与"蒲阴"有沿革关系：

> 《史记集解》：曲逆，今中山蒲阴是。
>
> 《史记索隐》：曲逆，章帝丑其名，改云蒲阴也。

---

① 崔恒升. 地名审定与方志编纂 [J]. 安徽史学，1983（8）：31-34. 具体到"蒲阴"的名称来源，《中国行政区划通史（秦汉卷）》收录了蒲阴县词条，但限于专书体例，词条对于涉及"蒲阴"名称记载的东汉后期文颖、繁钦二人的记载没有注意，厘清名称缘由，二人的记载系最初来源. [周振鹤、李晓杰、张莉，《中国行政区划通史（秦汉卷）》复旦大学出版社，2017 年出版].

②③ 司马迁. 史记：卷八·高祖本纪第八 [M]. 北京：中华书局，1982：388.

④⑤⑥ 司马迁. 史记：卷五六·陈丞相世家第二六 [M]. 北京：中华书局，1982：2058.

⑦⑧ 司马迁. 史记：卷九三·韩信卢绾列传第三三 [M]. 北京：中华书局，1982：2638.

《史记正义》：曲逆，定州北平县东南十五里蒲阴故城是也。

但三位注家的依据显然不同，裴骃的依据来自文颖，司马贞的依据系汉章帝的改名，但没有注明出处；张守节的依据明显系唐代的情况——"蒲阴故城"，位于定州北平县东南，"州"和"县"同时出现于政区《史论正义》中，说明该材料时间明显滞后。裴骃生活在南朝刘宋时期，文颖生活于东汉后期至曹魏时期。关于文颖其人，颜师古在《汉书叙例》中记载：

文颖字叔良，南阳人，后汉末荆州从事，魏建安中为甘陵府丞。①

颜师古在对《汉书》做注的过程中，对于文颖的注文也多有引用，但关于文颖的具体论著，颜氏并没有记载。再看《文选》中收录的王粲的《赠文叔良诗》：

既慎尔主，亦迪知几。探情以华，睹著知微。惟诗作赠，敢咏在舟。②

关于这首诗，清代学者何焯的解释为"王仲宣赠文叔良，犹有古人赠言遗意"③，王粲与文颖私交甚笃，这首诗作于王粲寓居荆州十六年期间。《文选》李善注文对于这首诗还有进一步的解释：

干宝《搜神记》曰："文颖，字叔良，南阳人。"《繁钦集》又云："为荆州从事。"文叔良作《移零陵文》，而粲集又有《赠叔良》诗。献帝初平中，王粲依荆州刘表，然叔良之为从事，盖事刘表也。详其诗意，似聘蜀结好刘璋也。④

结合李善的注文，文颖的基本情况出自西晋干宝《搜神记》，在干宝之前，曹魏时期的主簿繁钦，在其文集中也有关于文颖的记载，繁氏为"建安又

---

① 颜师古：《汉书叙例》，台北：台湾影印文渊阁四库全书，1976：4.
② 张蕾.《王粲集校注》之诗《赠文叔良诗》[M]. 石家庄：河北教育出版社，2013.
③ 何焯. 义门读书记：卷四六·文选诗表 [M]. 北京：中华书局，1997：892.
④ 萧统：《文选》卷二三《赠文叔良》[M]. 台北：台湾影印文渊阁四库全书，1976：672.

七子"① 之一，卒于建安二十三年（218）②，颜师古的《汉书叙例》应对干、繁二人的记载有所参考。王粲寓居荆州十六年期间，文颖也在刘表帐下谋事，"献帝初平中（190—193）"这一时间点可以说明问题。东汉初平至曹魏建安这一时间段，应是文颖留下著述的主要时间段（文颖强调的"今中山蒲阴是"，可以说在其生活的时代，"蒲阴"名称已出现），虽然裴骃引用文颖注文，并未标明具体出处，但文颖的著述仅留下部分篇章（如《移零陵文》，仅从名称来看，注文不似出自此篇文章），不论注文出自文颖哪一著述，时间上最早也是东汉末期。

再看司马贞的依据。关于汉章帝，《后汉书》有评价：

> 肃宗孝章皇帝讳炟，显宗第五子也。……永平三年，立为皇太子。少宽容，好儒术，显宗器重之。十八年八月壬子，即皇帝位，年十九。……（元和二年二月）戊辰，进幸中山，遣使者祠北岳，出长城。……辛卯，车驾还宫。赐从行者各有差。……在位十三年，郡国所上符瑞，合于图书者数百千所。……<u>献歌谓崔骃游太学时上《四巡》等颂。气调时豫，宪平人富</u>。③

《后汉书》对于汉章帝的评价整体是正面的，其在位十三年，为政有所建树。李贤的注文引用崔骃《四巡》，记载了汉章帝先后于东西南北四个方向围绕都城洛阳进行巡狩，而曲逆城仅就地理位置而言已是东汉的北境。司马贞在《史记索隐》中的原文：

> 章帝丑其名，改云蒲阴也。上其城，望见其屋室甚大，曰："壮哉县！吾行天下，独见洛阳与是耳。"④

照此记载，显然汉章帝亲自到达了曲逆城一带，与上文材料中提到的"进幸中山"在路线上系一线，就方向而言，显然是北巡。关于这次北境之行，在元和三年，汉章帝已有规划：

---

① 米晓燕. 论"建安又七子"［J］. 文艺评论，2012（6）：106-110. 还可参见：米晓燕. 魏末儒玄思潮与文学关系研究［M］. 大连：辽宁师范大学出版社，2016：112.

② 米晓燕. 曹丕战争诗与政治家素养的形成［J］. 古典文学知识，2017（2）：34-42.

③ 范晔. 后汉书：卷三·肃宗孝章皇帝纪第三［M］. 北京：中华书局，1982：129.

④ 司马迁. 史记：卷五六·陈丞相世家第二六［M］. 北京：中华书局，1982：2058.

（元和三年）今将礼常山，遂柤北土，历魏郡，经平原，升践堤防，询访者老，咸曰'往者汴门未作，深者成渊，浅则泥涂'。追惟先帝勤人之德，谓永平十二年修汴渠。底绩远图，复禹弘业，尚书曰："覃怀底绩。"孔安国注云："底，置；绩，功也。"远图犹长算也。言能复禹为理水之大功。①

显然汉章帝这次北巡，主要目的是巡查水利设施。巡狩分为远途、近途两种类型，近途泛称巡幸，但不论远途还是近途，均有时间与规模上的限制②，作为帝王，显然不能长期滞留一地。《管子》有载：

管仲对曰："先王之游也，春出，原农事之不本者，谓之游。秋出，补人之不足者，谓之夕。夫师行而粮食其民者，谓之亡。从乐而不反者，谓之荒。先王有游夕之业于人，无荒亡之行于身。"③

劝课农桑、推广教化、考察吏治、祭祀神灵等一系列内容丰富、目的鲜明的活动，使得皇帝的巡狩具有很强的现实意义，对于政治、经济、文化等的发展均有重要的推动作用。巡狩是一项复杂的政治活动，对刚刚诞生的中央集权的大一统王朝有积极意义。每一次皇帝巡狩都凸显出当时社会的主要时代特征，而巡狩活动的演变也反映出社会的变化。皇帝的巡狩④是了解民情、掌握百姓生活情况的重要途径，是考核地方官员的为政情况、宣扬国威、教化百姓、维护统治秩序的重要手段，也是皇帝做出决策的重要依据。两汉时期的皇帝曾多次巡狩，其中，政务活动是巡狩活动的重要组成部分，元和二年的这一次也不例外。关于曲逆城，《读史方舆纪要》记载：

曲逆城，在县东南二十里。……郦道元以为即曲逆也。后为赵邑。秦

① 范晔. 后汉书：卷三·肃宗孝章帝纪第三［M］. 北京：中华书局，1982：154.

② 石冬梅. 再论隋炀帝的巡狩［J］. 保定师范专科学校学报，2005（3）：73-77.

③ 马非百. 管子轻重篇新诠［M］. 北京：中华书局，1979：64.

④ 关于皇帝出巡问题，相关研究成果涉及两汉时期的在数量上并不多，由于皇帝出巡是各朝的一项政治制度，其他时期的研究成果亦可借鉴。例如王思浩《盛中唐应制诗研究》（陕西理工学院硕士学位论文，2014 年通过答辩）、杨蕴芳《两汉政府决策信息采收渠道研究》（山西大学硕士学位论文，2013 年通过答辩）. 关于出巡礼仪的研究成果，可参见：李俊方. 两汉皇帝巡幸礼仪的政治属性［J］. 学术界，2008（4）：118-122.

置县。<u>汉七年，高祖击韩王信，自代还，过曲逆曰：壮哉县，吾行天下多矣，惟见洛阳与是耳</u>。因封陈平为曲逆侯。十一年，陈豨反。豨将王黄军曲逆，高祖自将击之。……后为县，属中山国。后汉章帝巡北岳至此，丑其名，改曰蒲阴。①

《读史方舆纪要》与《史记索隐》对照，有一处明显不同即上文画线处，即亲自到过曲逆城的是高祖，并非章帝，但《史记索隐》对于"上其城"中的"上"字并未做解释。对照元和二年的材料，章帝北巡一事可以印证，其路线终点系北岳。关于两则史料记载不一致之处，在此先不展开讨论。顾氏提到了郦道元，尤其指出"郦道元以为即曲逆也"，关于这一点，《水经注》与《水经注疏》记载对照如下：

表2-1　《水经注》与《水经注疏》相关记载对照（1）

《水经注》	《水经注疏》
《春秋左传·哀公四年》，齐国夏伐晋，取曲逆，是也。汉高帝击韩王信，自代过曲逆，上其城，望室宇甚多，曰：壮哉！吾行天下，惟洛阳与是耳②	守敬按：《史》《汉》"多"作"大"③ 守敬按：见《史记·陈平世家》，平之封，《史》《汉表》以为高帝六年，然击韩王信乃七年事④
《竹书纪年》曰：魏殷臣、赵公孙裒伐燕还，取夏屋城曲逆者也。其城东侧，阿阿仍埔，筑一城，世谓之寡妇城。贾复从光武追铜马、五幡于北平所作也。世俗音转，故有是名矣⑤	《史记》赵襄子登夏屋者。按此则"夏"盖读作"贾"，故"夏屋"转为"贾屋"，又变为"贾复"，而"贾复"更讹为"寡妇"也。考古证今，此城盖只夏屋城耳……俗语讹谬，谓之"寡妇城"⑥

① 顾祖禹. 读史方舆纪要：卷一二·北直三 [M]. 北京：中华书局，2005：528.
② 郦道元. 水经注校：卷一一·滱水 [M]. 王国维，校. 上海：上海人民出版社，1984：401.
③④ 谢承仁. 杨守敬集（第三册上）·水经注疏：卷一一·滱水 [M]. 武汉：湖北人民出版社，1997：803.
⑤ 同②401-402.
⑥ 同③804.

表2-1(续)

《水经注》	《水经注疏》
汉章帝元和三年,行巡北岳,以曲逆名不善,因山水之名,改曰蒲阴焉①	朱讹作"章和二年",赵、戴同。守敬按:《后汉书·章帝纪》:元和二年春,崩。无行巡北岳事。惟元和三年幸中山,遣使者祠北岳,则"章和二年"为"元和三年"之误无疑,今订② 守敬按:《续汉志》但云"章帝更名"。《寰宇记》引《十三州志》,后汉章帝巡北岳,以"曲逆"名不善,改为"蒲阴",则郦本阙说③

根据郦道元、杨守敬、熊会贞三人的记载,三人均认为是汉高祖亲自登上曲逆城而不是汉章帝,不同点是高祖六年还是七年,这与汉高祖追韩王信的具体时间有关。关于曲逆城名称的由来,三人的解释均较《读史方舆纪要》翔实,均认为其名称的由来涉及俗语的转化——"俗语讹谬",曲逆城原名应为夏屋城,这一名称出现于春秋战国时期。关于原名章帝改曲逆城名称一事,郦道元仅是提到"因山水之名",熊、杨二者的补充则较翔实,熊会贞的补注仅针对相关文献的讹误,但杨注则不同,提到了关键的《续汉书》,"《续汉志》但云章帝更名",同时还提到了宋初乐史《太平寰宇记》所引用的《十三州志》。杨守敬提到的《续汉志》应为《续汉书》中志的部分。司马彪的《续汉书》是诸家东汉史中编撰年代较早的一部,主要取材于《东观汉记》,还广泛参考《献帝起居录》、王沈《魏书》、韦昭(即韦耀)《吴书》等其他档案、文献,"《续汉书》自成书至隋唐时期,一直单独流传……梁朝刘昭第一次将范晔《后汉书》纪传与司马彪《续汉书》志合编为一书并为之注疏"④,可见该书成书在西晋时期,引用材料多来源于东汉末期至三国时期的书籍、档案,再看司马彪个人生平:

彪乃讨论众书,缀其所闻,起于世祖,终于孝献,编年二百,录世十二,通综上下,旁贯庶事,为纪、志、传凡八十篇,号曰《续汉书》。泰

---

① 郦道元. 水经注校:卷一一·滱水 [M]. 王国维,校. 上海:上海人民出版社,1984:402.

②③ 谢承仁. 杨守敬集(第三册上)·水经注疏:卷一一·滱水 [M]. 武汉:湖北人民出版社,1997:805.

④ 谢琛. 司马彪《续汉书》研究 [D]. 合肥:安徽大学,2012. 还可参见崔赢午. 汉代宫廷医疗问题考述 [D]. 长春:吉林大学,2009:18.

始初，武帝亲祠南郊，彪上疏定议，语在《效祀志》。①

泰始为西晋第一个年号，《续汉书》成书在此之后。再看《十三州志》一书，根据《中国历史大辞典》词条介绍，"十三州志，书名。北魏阚骃撰，清张澍辑。一卷。阚骃原书为十卷，一说十四卷。对西域地区的地理、历史、民族、经济、文化等情况记载颇多，内容精审，得到北凉沮渠蒙逊等的重视。后散佚。张澍从《后汉书注》《北堂书钞》《太平御览》等三十多种著作中辑出，并考证纠误，保存了许多原始资料，为研究我国西北地方历史、古地理和交通史的史书"②，可知该书成书于北朝时期，其中的的记载不排除来源于《续汉书》。关于阚骃，《魏书》《北史》均有其传记：

> 阚骃，字玄阴，敦煌人也。……撰《十三州志》，行于世。蒙逊甚重之，常侍左右，访以政治损益。③

> 阚骃，字玄阴，敦煌人也。……撰《十三州志》。沮渠蒙逊甚重之，常侍左右，访以政事损益。④

司马贞、顾祖禹、郦道元、杨守敬、熊会贞五人的相关记载，有几点异同如下：司马贞《史记索隐》所记汉章帝登上曲逆城一事，应系记载所误，其余四人均认为系汉高祖追击韩王信经过曲逆城（相关材料对于行军路线亦有记载，"高祖击韩王信，自代还，过曲逆"⑤，可见系代道的支线。著者在论述鸿上关相关问题⑥时对此有解释，在此不再赘述。代道支线必经曲逆城），汉章帝则系北巡，目的地为北岳，使命不一样；关于曲逆城名称的由来，应以郦、杨、熊三人所论为信，确系"俗语讹谬"；最为关键的一点即曲逆改名蒲阴的缘由，司马贞《史记索隐》并未注明来源，但《读史方舆纪要》注明为郦道元所论，对照郦、杨、熊三人所论，杨守敬注明《水经注》所论应来源于《续汉书》较为可信，对照阚骃生平，郦道元在做注时参照司马彪的观点则更

---

① 房玄龄. 晋书：卷八二·司马彪传［M］. 北京：中华书局，1982：2141-2142.
② 郑天挺. 中国历史大辞典［M］. 上海：上海辞书出版社，2007：87.
③ 魏收. 魏书：卷五二·阚骃传［M］. 北京：中华书局，2018：1159-1160.
④ 李延寿. 北史：卷三四·阚骃传［M］. 北京：中华书局，1983：1267.
⑤ 顾祖禹. 读史方舆纪要：卷一二·北直三［M］. 北京：中华书局，2005：528.
⑥ 崔玉谦，徐舒. 民国时期《满城县志略》赵简子筑城地记载分析：兼论两汉时期北平县地望［M］//河北大学文学院. 燕赵中文学刊（第1辑）. 北京：社会科学文献出版社，2022：151-158.

可信。通过上文的对比分析，《史记索隐》较之《史记集解》，《史记集解》的记载更可靠，理由如下：从时间先后看，不论文颖还是繁钦，均生活于东汉至曹魏时期，《史记集解》的史料来源时间点是在东汉末期；《史记索隐》的依据为汉章帝改称，虽然不能完全否定有东汉史料支撑，但就现有史料来看，支撑这一观点的还是多为西晋史料，时间点上明显滞后。论述至此，可以明确一个关键时间，即"蒲阴"名称出现的时间至迟已是东汉末期，系由"曲逆"改名而来。最后再看《史记正义》的记载，"曲逆，定州北平县东南十五里蒲阴故城是也"，涉及两个关键信息，第一个即"定州北平县"，第二个系"蒲阴故城"。先看第一个，涉及州县二级行政区划：

> 定州上后汉中山国。后魏置安州，寻改为定州。……武德四年，平窦建德，复置定州，……北平汉县，属中山国。万岁通天二年，契丹攻之不下，乃改为徇忠县。神龙元年，复旧名。①

结合《旧唐书·地理志》的记载，唐代已存在"定州北平县"。关于张守节，"张守节，苏州吴人，生于唐高宗永淳元年（682）稍前，卒年迟至唐肃宗上元元年（760）后。历官至太子右谕德、集贤院待制，以颖王傅致仕，颇得唐肃宗嘉奖。一生历高、中、睿、武周、玄、肃数朝，享年七十八岁以上"②，结合张守节的生平，可知其记载反映的是唐代前期至中期的地方行政区划。再看《魏书》的记载：

> 定州（太祖皇始二年置安州，天兴三年改。）……北平郡（孝昌中分中山置，治北平城。）领县三……蒲阴（二汉、晋属中山。前汉曰曲逆，章帝改名。有莆阴城、安国城、安阳、赤泉神。）北平（二汉、晋属中山。有北平城、木门城。）③

与《地形志》的记载对照来看，北魏并不存在"定州北平县"的情况，而是定州—北平郡—蒲阴县，郡县制自秦代④施行之后，州县之间郡的设置几

---

① 刘昫. 旧唐书：卷三九·地理二 [M]. 北京：中华书局，1975：1510.

② 小泽贤二.《史记正义》佚文在日本之传存 [J]. 信阳师范学院学报（哲学社会科学版），2014（1）：5-9.

③ 魏收. 魏书：卷一〇六上·地形二上 [M]. 北京：中华书局，2018：2464.

④ 崔助林. 秦始皇废封建、行郡县的治国思想探析 [J]. 史志学刊，2015（6）：5-7.

经变化，直至唐代道制施行。除此之外，《地形志》还提供了一则关键信息，即魏收认为北魏时期的蒲阴县是由汉章帝改名的曲逆城发展而来，这一点明显同司马贞记载的不同，《史记索隐》未提及蒲阴县与曲逆城的关系，仅记载曲逆城改名蒲阴即蒲阴城，关于这个问题，下文再论。再看北平县的情况：

> 完县……秦曲逆县地。汉为北平县地，属中山国。后汉及晋因之。后魏属中山郡。孝昌中，分置北平郡，治北平县。北齐郡废。隋属定州。唐初因之。①

汉代的北平县曾是秦代的曲逆县，由此来看，曲逆城、曲逆县是否在秦汉时期共存？汉章帝改名的对象是曲逆城还是曲逆县？关于曲逆城的材料如下：

> 曲逆城，在县东南二十里……张晏曰：濡水于城北，曲而西流，故曰曲逆。后为县，属中山国。……晋亦属中山国。后魏属北平郡。北齐废入北平县。隋开皇六年，复置蒲阴县。大业初又废。②

在曲逆城的材料中，也出现了曲逆县，但就时间来看并不是秦代，而是中山国时期，在具体的位置上两者一致，与上文所论的秦代曲逆县有所不同，在具体位置、范围上。"曲逆"这一名称的来历，关键人物是张晏，关于此人，颜师古在《前汉书叙例》《汉书叙例》中有两则记载，"张晏，字子博，中山人"③"有张晏注，是晏所见者，即是今本"④，可见张晏的生活时代是在《汉书》成书之后，且是中山本地人。相关研究《汉书》的成果对于张晏也有提及，"三国时期魏人张晏著《汉书音释》四十卷，注《汉书·司马迁传》……"⑤，可见张晏观点的提出是在曹魏时期，颜师古所论"张晏注"应是指张晏的《汉书注》（此书虽已佚，但经过若干辑佚后的内容仍较有价值，学者多有引用，如涉及《史记》篇目数量问题，得益于张晏所论⑥）。中山国曲逆县就时间上来说，可参见《汉书·地理志》《后汉书·郡国志》：

---

① 顾祖禹. 读史方舆纪要：卷一二·北直三 [M]. 北京：中华书局，2005：527.

② 同①528.

③④ 颜师古. 汉书叙例 [M]. 台北：台湾影印文渊阁四库全书，1976：4.

⑤ 杨倩如. 汉书学史（现当代卷）[M]. 北京：中华书局，2005.

⑥ 崔曙庭. 张舜徽先生《汉书艺文志通释》的目录学成就 [M] //中国历史文献研究会. 大连图书馆：典籍文化研究. 沈阳：万卷出版公司，2007：87.

中山国，高帝郡，景帝三年为国。莽曰常山，属冀州。……县十
四……曲逆，蒲阳山，蒲水所出，东入濡（张晏曰："濡水于城北曲而西
流，故曰曲逆。章帝丑其名，改曰蒲阴，在蒲水之阴。"师古曰："濡音
乃官反。"）。①

中山国高祖置。……蒲阴本曲逆，章帝更名。有阳城。②

对照《汉书》《后汉书》，颜师古的注文相较李贤要丰富，从内容上看
《后汉书》没有强调"蒲阴县"改名，仅记载"蒲阴本曲逆"，但《汉书》明
确了西汉时期曲逆县为中山国下辖十四个县之一，形成时间不晚于汉景帝三
年。颜注（括号部分）引用的是否来自张晏的《汉书注》，没有明言，但颜师
古强调的"濡音乃官反"不排除针对《汉书注》一书。颜注所引用的张晏注
文并没有说明曲逆是改名为"蒲阴县"还是"蒲阴城"，但对于"蒲阴"的含
义提出了看法，即"蒲阴，在蒲水之阴"，显然是从临水的角度做的解释。两
汉时期在不同时段存在曲逆县、曲逆城，蒲阴县、蒲阴城，《汉书》《后汉书》
及相关注文可以直接印证。上文分析《史记集解》《史记索隐》注文时，关于
"蒲阴"名称出现的相关问题，结论是至迟为东汉末期，系由"曲逆"改名而
来。若对照西汉景帝三年中山国曲逆县的情况，"蒲阴"作为地名显然在当时
没有出现（部分考古材料也有印证，如《中山王汉墓出土黄肠石题刻精拓百
品》③ 有题刻铭文"望都石曲逆高巨作""望都石工曲逆刘建"，东汉第三代
中山王刘焉墓中题刻有 488 处④，除了这两则之外，还有多处铭文提到"望
都""曲逆"等）。这里即有疑问，"蒲阴陉"与"蒲阴县"是否有关联？"蒲
阴县"是否先于"蒲阴陉"出现？班固、张晏、颜师古三人均提到了"蒲阴"
一名与临水有关，涉及蒲水、濡水，关于这一点，可以参考对照《水经注》
《水经注疏》的记载：

① 班固. 汉书：卷二八之下·地理志第八下 [M]. 北京：中华书局，1983：1671.
② 范晔. 后汉书：志第二〇·郡国二 [M]. 北京：中华书局，1982：3434-3435.
③④ 定州市旅游文物局. 中山王汉墓出土黄肠石题刻精拓百品 [M]. 北京：文物出版社，2005：64.

表2-2 《水经注》与《水经注疏》相关记载对照（2）

《水经注》	《水经注疏》
博水又东北，左则濡水注之①	戴云："按此南濡水，今名祁水"。会贞按：《元和志》《寰宇记》并云"濡水在北平县西五里"。唐、宋之北平，即故蒲阴，与《注》言"濡水出蒲阴西合"。今又为完县，故知完县西之祁水，即濡水也②
其（濡）水自源东，迳其县（蒲阴）故城南③	守敬按：蒲阴县之先为曲逆"其县故城"本曲逆城也，故下追述曲逆事④
枉渚回湍，率多曲复，张晏曰：濡水于城北⑤	朱"濡"讹作"湍"，赵、戴依《汉志》注改，下并同⑥
曲而西流，是受此名。故县亦因水名而氏曲逆矣⑦	守敬按：秦县，汉属中山国，后汉改蒲阴，详后。在今完县东南⑧
濡水又东，得蒲水口，水出西北蒲阳山⑨	守敬按：《汉志》，蒲水出曲逆县蒲阳山。《元和志》，山在北平县西北四十里。今谓之白崖山，在完县西北⑪
其（蒲）水又东南流，迳蒲阴县故城北。《地理志》曰：城在蒲水之阴⑫	赵云：《汉志》注，此是张晏说⑬

①③ 郦道元. 水经注校：卷一一·滱水［M］. 王国维，校. 上海：上海人民出版社，1984：400.

②④⑥⑧ 谢承仁. 杨守敬集（第三册上）·水经注疏：卷一一·滱水［M］. 武汉：湖北人民出版社，1997：803.

⑤ 同①400-401.

⑦⑨ 同①401.

⑪ 同②804.

⑫ 同①402.

⑬ 同②805.

表 2-2（续）

《水经注》	《水经注疏》
以曲逆名不善，因山水之名，改曰蒲阴焉①	守敬按：《续汉志》但云"章帝更名"。《寰宇记》引《十三州志》，后汉章帝巡北岳，以"曲逆"名不善，改为"蒲阴"，则郦本阙说② 后汉、魏、晋县并属中山国。后魏属北平郡。《地形志》"蒲阴"有"蒲阴城"。蒲阴城当即曲逆城，至魏则县有迁徙，非复故城矣③

对照《水经注》与《水经注疏》，郦道元引书涉及《汉书·地理志》及张晏的《汉书音释》，杨守敬、熊会贞引书涉及（按表格中书目先后）《元和郡县图志》《太平寰宇记》《汉书·地理志》《续汉书》《十三州志》《魏书·地形志》，《水经注疏》的解释多系引书再解释，仅有第二条及第四条系杨守敬的个人见解。关于"蒲阴县"名称的由来，杨守敬的观点系蒲阴县由"曲逆"发展而来，尤其提到蒲阴县城即曾经的曲逆城，"曲逆"最初为秦代设置的曲逆县，在东汉时期改称蒲阴县，具体位置在今（民国时期）完县东南。对于蒲阴县城即曾经的曲逆城这一点，杨氏的认识相较其他人更清晰，但对于蒲阴县在东汉时期改名这一点，显然解释不足。其他的条目，引书虽多，但在具体关于蒲阴县由来的解释上，观点继承了张晏的《汉书音释》。关于濡水，杨守敬认为即祁水，因而蒲阴县名称的由来即与祁水密切相关。蒲阴县城即曾经的曲逆城，祁水流经东、北两个方向先后，祁水东流蒲水汇入，蒲水流经的东南方向为蒲阴县故城，关于这一点，《水经注疏》没有做解释，仅强调系张晏《汉书注》中所说。关于蒲阴县故城，郦道元与杨守敬分别有解释，"故县亦因水名而氏曲逆矣"④ "秦县，汉属中山国，后汉改蒲阴……在今完县东南"⑤，关于蒲阴县故城，表 2-2 第一条，《水经注疏》引用《元和郡县图志》，"濡水在北平县西五里。唐、宋之北平，即故蒲阴"，这一表述系杨守敬对于《元和郡县图志》的理解。《元和郡县图志》记载如下：

---

① 郦道元. 水经注校：卷一一·滱水［M］. 王国维，校. 上海：上海人民出版社，1984：402.

②③ 谢承仁. 杨守敬集（第三册上）·水经注疏：卷一一·滱水［M］. 武汉：湖北人民出版社，1997：805.

④ 同①400.

⑤ 杨守敬，熊会贞. 水经注疏：卷一一·滱水［M］. 南京：江苏凤凰文艺出版社，2014：194.

北平县，上。西南至州八十三里。本秦曲逆县地，属中山国，陈平封曲逆侯。后汉章帝巡岳，以曲逆名不善，改名蒲阴县。后魏孝明帝改名北平县，于今县东北二十里置北平郡，割中山国之蒲阴、望都、北平三县属之。高齐省北平郡及蒲阴县，以北平县属中山郡。隋开皇三年属定州。皇朝因之。①

杨守敬提到的"故蒲阴"对照这则材料，显然是指"蒲阴县"，《元和郡县图志》中只提到了"蒲阴县"而不提"蒲阴城"，按李吉甫的理解，汉章帝改名的"曲逆"即"蒲阴县"。前文对于汉章帝改名一事已有论述，在此无须重复，李吉甫在"曲逆"之名是否为汉章帝所改一事上没有多论，但在地名的线索上观点明确，即蒲阴县由曲逆县改名而来，"蒲阴"名称的出现最迟不晚于东汉后期，按此论断，最先出现的即是蒲阴县。再看《太平寰宇记》的记载：

蒲阴县。（定州）东六十里。旧十乡，今八乡。本汉安国县之地，属中山国。②

北平县。东北八十里。旧十一乡，今六乡。本秦曲逆县之地，属中山国。隋《图经》云："汉高祖北征，还至此。大会酒酣，叹曰：'吾周行天下多矣，唯见洛阳与是。'"因封陈平于此。……后魏孝昌中，于今县东北二十里北平城置北平郡；割中山国之蒲阴、望都、北平三县属之。高齐，省北平郡及蒲阴县，以北平县属中山郡。隋开皇三年，属定州。③

《太平寰宇记》提到了两个"蒲阴县"，第一则材料显然与"蒲阴陉"无直接关系，在此不多论。关键在于第二条材料，与《元和郡县图志》对比，画线部分显然是照搬李吉甫的论断。乐史对于汉高祖至曲逆一事的出处做了分析，认为系出自隋代的《图经》，结合隋代的政区情况，"博陵郡（旧置定州）后周置总管府，寻罢。……北平（旧置北平郡）后齐郡废，又并望都、蒲阴二县来入"④，应是《定州图经》或《博陵郡图经》（"图"是指一个行政区划的疆域图、沿革图、山川图、名胜图、寺观图、宫衙图、关隘图、海防图等；

---

① 李吉甫. 元和郡县图志：卷一八·河北道三 [M]. 北京：中华书局，1983：512-513.

② 乐史. 太平寰宇记：卷六二·河北道一一 [M]. 北京：中华书局，2007：1271.

③ 同②1274.

④ 魏徵，等. 隋书：卷三〇·地理中 [M]. 北京：中华书局，1982：856.

"经"是对图的文字说明，包括境界、道里、户口、出产、风俗、职官等情况。《图经》由地记发展而来，内容比地记完备。现知图经以东汉的《巴郡图经》为最早①），李氏认为的"割中山国之蒲阴、望都、北平三县属之"并未说明来源，乐史因袭也未深究，但"中山国之蒲阴"的论述，显然有误，在此再对照《汉书》《后汉书》：

> 中山国，高帝郡，景帝三年为国。莽曰常山，属冀州。……县十四：卢奴，北平……北新成……唐……深泽……苦陉……安国……曲逆……望都……新市，新处，毋极，陆成，安险。②
> 中山国高祖置。……十三城……卢奴……北平……毋极……新市……望都……唐……安国……安熹……汉昌……蠡吾……上曲阳……蒲阴……广昌。③

中山国在两汉时期下辖政区情况不相同，西汉时下辖十四县，东汉时则下辖十三城。"中山国之蒲阴、望都、北平三县"的说法显然与两汉时期的政区情况均不符合，西汉时期的中山国下辖无蒲阴县，望都、北平两县确有，对照《后汉书·郡国志》记载，东汉时期的中山国下辖是十三座城，中山国对应的是"城"这一级行政区，东汉无"县"级行政区建制，不论"曲逆"是否于汉章帝时期改名"蒲阴"，关于"城""县"的名称问题，"世祖中兴，惟官多役烦，乃命并合，省郡、国十，县、邑、道、侯国四百余所"④，可见"城"与"县"仅是名称上的差别，不论范晔还是李贤等人，均未做过多解释（章怀太子李贤主持注释《后汉书》，集中了张大安、刘纳言等许多文人学士，历六年之久才将此书注完，又经仔细校订，纠正、弥补了许多错误和缺漏，遂成为最好的注本⑤）。再看关于汉代北平县的材料：

> 完县，府西七十里。……汉为北平县地，属中山国。后汉及晋因之。后魏属中山郡。孝昌中，分置北平郡，治北平县。⑥

① 宫云维，王红伟. 萧山地方文献未刊题跋二则［M］//中华历史文献研究会. 历史文献（总第40辑）. 上海：华东师范大学出版社，2017.

② 班固. 汉书：卷二八之下·地理志第八下［M］. 北京：中华书局，1983：1084.

③ 范晔. 后汉书：志第二〇·郡国二［M］. 北京：中华书局，1983：3434-3435.

④ 范晔. 后汉书：志第二三·郡国五［M］. 北京：中华书局，1983：3533.

⑤ 马固钢.《后汉书》考释四则［J］. 石家庄师范专科学校学报，2002（3）：18-20.

⑥ 顾祖禹. 读史方舆纪要：卷一二·北直三［M］. 北京：中华书局，2005：527.

> 北平废县，县东二十里。汉县治此，……光武击尤来、大枪诸贼于元
> 氏，追至北平，战于顺水北，即此处也。①

汉代北平县县治所在系明清之际完县（今河北顺平县）东方向。明清之际的完县在保定府西方，就大方向而言，二者有一致性，但很明显汉代的治所位置偏东。由此可见，秦代的曲逆县在范围上涉及的是唐宋时期的北平县，而汉代的北平县与曲逆县则在范围上并无重合。论述至此，对于"蒲阴"名称的来源，有一点可以确定，即与水有关，结合《水经注》等相关材料，蒲水、祁水是命名关键，"《地理志》曰：城在蒲水之阴"。虽然《水经注疏》解释为《汉志》，但对照《汉书·地理志》及颜师古注文，并无"城在蒲水之阴"一说，张晏的《汉书注》也无更多的解释。赵一清认为，"城在蒲水之阴"一说出自张晏（"《汉志》注"应是指《汉书注》中对《地理志》的专注部分），颜师古因袭此说（赵氏为清代著名地理学家。其父赵昱、季父赵信为藏书家，在学术上的最大贡献在于对《水经注》的研究，搜集历代《水经注》旧本四十种，经过缜密的研究考订形成《水经注释》四十卷、《刊误》十二卷。《四库全书总目提要》对其评价"虽其中不免影附夸多，然旁引博证，颇为淹贯。订疑辨伪，是正良多。自官校宋本以外，外间诸刻固不能不以是为首矣"②），赵氏所论应出自《水经注释》③一书。赵氏所论虽是后期注家的再注，在引用文献数量上超过了郦道元所引，但郦道元做注，参考的地理志文献系汉魏时期是没有问题的④（郦氏做注的时间范围内，能够参考的地理志仅有《汉书·地理志》，《三国志》没有"地理志"部分，《后汉书》系《郡国志》，其他诸家《后汉书》在南北朝时期已不再流传），"城在蒲水之阴"对于地名的解释有合理性。关于蒲水、祁水，《读史方舆纪要》中还有记载：

> 祁水在（完）县南。发源伊祁山，东流经县境，又东入满城县界，即方顺河之上源也。⑤
> 有蒲水。《水经注》："蒲水出县西北蒲阳山，径蒲阴县北，下流合于濡水，又东入于博水。"今故道多湮。⑥
> 博水在县东南……是为阳城淀，下流入博野县境，注于唐河。今源流

---

① 顾祖禹. 读史方舆纪要：卷一二·北直三 [M]. 北京：中华书局，2005：528.
②③ 金毓黻. 文溯阁四库全书总目提要 [M]. 北京：中华书局，2014：64.
④ 张超.《水经注》与汉魏文化地理 [D]. 汉中：陕西理工学院，2015：16.
⑤⑥ 同①529.

多淤。①

可见蒲水、祁水均系唐河南流的主要支流，蒲水涉及范围较小，蒲水故道及博水故道在明清之际均已淤堵。不论东汉时期的蒲阴城（县）改名是何时（汉章帝时期或东汉末期），其名称来源与水系有关可以确定，水名与地名密切相关，以水系的名称结合方位是较为常见的地名命名法②，"蒲阴"是一处典型的山水地名。

论述至此，关于"蒲阴"名称的来源，从地名角度可以做一总结，"蒲阴"名称的出现始于东汉时期，就现有史料记载来看，多认为系汉章帝改曲逆名称为蒲阴，典型材料系西晋司马彪的《续汉书》，《水经注》《史记索隐》均引用了司马彪的记载，《续汉书》成书于西晋泰始之后，即便如此，"曲逆"改称"蒲阴"是说得通的，只是何时所改需进一步厘清；《史记集解》引用曹魏时期文颖的观点，而文颖的生平史料记载不详，通过"建安又七子"之一的繁钦的记载可知，文颖主要生活时代是东汉后期至建安十七年，故文颖的"今中山蒲阴是"一说较《续汉书》所提的汉章帝改名说，在时间上更早，大约系东汉后期。关于"蒲阴"的具体解释，《水经注》及相关注疏以及地理志等均有解释，以《水经注》的记载作为线索分析，"蒲阴"的具体解释涉及相关的县级行政区属地变迁以及流经河流的故道走向，东汉时期确实出现了中山国蒲阴县（城）这一级政区，但该政区何时出现（"曲逆"改为"蒲阴"的时间），依靠现有材料不能完全厘清，但就行政区范围来看，涉及秦代的曲逆县、西汉时期的中山国曲逆县，涉及的河流系唐河的支流蒲水、祁水、博水。"蒲阴"作为地名，最初是县级政区名称，因此可以说"蒲阴县（城）"早于"蒲阴陉"。对于作为行政区划的"蒲阴"的解释，三国时期张晏的《汉书注》有解释，后颜师古注《汉书》继承张晏的观点，《水经注》所论"《地理志》曰：城在蒲水之阴"应亦是参考张晏所论，清代赵一清在其《水经注释》确定了这一点，即"蒲水之阴为蒲阴"。

---

① 顾祖禹. 读史方舆纪要：卷一二·北直三［M］. 北京：中华书局，2005：529.

② 崔恒升. 中国古今地理通名汇释［M］. 合肥：黄山书社，2003：87.

三、汉代以后"蒲阴"名称的沿用变化情况

关于"蒲阴"这一名称的"源",经过不同文献的对照分析可以厘清,而"蒲阴"这一名称中"流"的部分,在此也可做补充。上文在引用《太平寰宇记》的材料时,已经提到,唐末宋初出现了另一个"蒲阴县",《太平寰宇记》记载如下:

> 蒲阴县。(定州)东六十里。旧十乡,今八乡。本汉安国县之地,属中山国。①

北魏已有"蒲阴县",相关材料有佐证,"本秦曲逆县地,属中山国,陈平封曲逆侯。后汉章帝巡岳,以曲逆名不善,改名蒲阴县。后魏孝明帝改名北平县"②,孝明帝时已是北魏末期,且系幼年继位,成年时被废,在位时间十三年历经五个年号,孝明帝改蒲阴县为北平县的时间无法具体确定,但在这十三年中无疑,《太平寰宇记》成书时距这一时间段已近五百年,可以说从北魏孝明帝时至宋初,已无蒲阴县这一行政建制。《太平寰宇记》的记载较简略,再看《读史方舆纪要》的记载:

> 蒲阴废县,今州治。汉安国县地,属中山国。后汉因之。晋属博陵郡。后魏因之。北齐废。隋开皇七年,改置义丰县,属定州。唐因之。……万岁通天二年,以拒契丹,改名立节。神龙中复曰义丰。……建中三年,张孝忠以易州兵,与幽州帅朱滔,共攻成德叛帅李维岳,败其兵于束鹿。孝忠引还军于义丰。五代周广顺初,置义丰军。二年,契丹寇定州,围义丰,败去。宋废军,太平兴国初改曰蒲阴县,寻为祁州治。金元因之。③

《读史方舆纪要》记载翔实,但从材料中完全看不出为何再次改名为"蒲阴"。宋初的蒲阴县是由隋唐时期的义丰县改名而来,从太平兴国初改名后,

---

① 乐史. 太平寰宇记:卷六二·河北道一一 [M]. 北京:中华书局,2007:1271.
② 李吉甫. 元和郡县图志:卷一八·河北道三 [M]. 北京:中华书局,1983:512.
③ 顾祖禹. 读史方舆纪要:卷一二·北直三 [M]. 北京:中华书局,2005:531.

金元两朝因袭，可以说宋初的蒲阴县再次存在了四百年左右。再看《宋史·地理志》的记载：

> 祁州，中，蒲阴郡，团练。端拱初，以镇州鼓城来属。景德元年，移治于定州蒲阴，以无极隶定州。熙宁六年，省深泽县为镇，入鼓城。元祐元年复。崇宁户二万四千四百八十四，口四万九千九百七十五。贡花絁。县三：蒲阴，（望。）鼓城，（紧。）深泽。（中。）①

从《宋史·地理志》的记载中可以看出，在北宋时期，祁州亦称蒲阴郡，这是宋代州郡制度②的特色，祁州还下辖蒲阴县，可以说在北宋末崇宁年间蒲阴郡、蒲阴县是并存的。再看金元时期的情况：

> 中山府。宋府，天会七年降为定州博陵郡定武军节度使，后复为府。户八万三千四百九十。县七、镇二：……祁州，中，刺史。宋蒲阴郡，国初置蒲阴郡军。户二万三千三百八十二。县三：蒲阴 鼓城 深泽。③
>
> 保定路，（上。）本清苑县，唐隶鄚州。宋升保州。金改顺天军。元太宗十一年，升顺天路，置总管府。至元十二年，改保定路，设录事司。户七万五千一百八十二，口一十三万九百四十。领司一、县八、州七。州领十一县。……祁州，（中。）唐为义丰县，属定州。宋改为蒲阴县。金于县置祁州，属真定路。元至元三年，立附郭蒲阴县及以束鹿、深泽二县来属，隶保定。领三县：蒲阴，（中。倚郭。）深泽，（下。至元二年，并入束鹿县，三年又来属。）束鹿。（中。）④

可以看出，从宋至元，不论上一级政区如何变动，祁州蒲阴县始终存在。金代初期出现过"蒲阴郡军"，这一点亦是宋代州郡制度⑤在金代初期的延续，元代初期出现了一些变化，即在金代于北宋蒲阴县原址置祁州的同时，重置蒲阴县，即"立附郭蒲阴县"，关于蒲阴县还有注明系"倚郭"。宋金元三史《地理志》对于《读史方舆纪要》所论的"金元因之"已有所补充。可以说从

① 脱脱. 宋史：卷八六·地理二 [M]. 北京：中华书局，1977：2129.

② 杨倩描. 北宋《真定府洪济禅院敕文札子碑》考析 [J]. 河北大学学报（哲学社会科学版），2012（6）：36-42.

③ 脱脱. 金史：卷二五·地理中 [M]. 北京：中华书局，2010：606-607.

④ 宋濂. 元史：卷五八·地理一 [M]. 北京：中华书局，2010：1355.

⑤ 贾文龙. 序迁与破资：宋朝州级属官群体的司法职能评价 [J]. 保定学院学报，2014（1）：1-6.

蒲阴名称"流"的部分来看，于宋金元时期再次存在了四百年左右的蒲阴县与之前的蒲阴县已无任何关联。不论在名称上还是在具体的地理形势上，宋金元时期的蒲阴县与蒲阴陉不会产生关联，因为这一蒲阴县系平原县，而太行八陉均在山区，在地理形势上二者已无关联。北宋当朝的两则材料对于祁州蒲阴县还可做一补充：

> （咸平六年六月）以定州蒲阴县当高阳关会兵路，诏葺其城。供奉官、閤门祗候谢德权兼掌其事，……德权曰："臣蒙恩驱策，冒万死求见，愿陛下留意。臣实虑蒲阴工作未讫，寇必暴至矣。"上慰遣之。既而敌果围蒲阴。[①]

可见北宋的蒲阴县在军事上还系平原防线的重要的会兵处。论述至此，"蒲阴"名称的"源""流"均已清楚，关于"蒲阴陉"的来源，也可做一结论，"蒲阴陉"系一条太行山区中的古道，之所以以"蒲阴"为名，系因为它经过汉代至北魏时期的蒲阴县。若按此分析，则产生了一个疑问，在此需做补释，"蒲阴陉古人把它列为太行八陉的第七陉。从易县西通涞源、山西灵丘，从灵丘往北就一路直抵大同了，已然便是蒙古高原的边缘。所以，这条通道在古时就是一条现成的进军路线，北方高原的骑兵，南下大同，经此可直逼河北内地……这条古道实际上也就是拒马河上游的河谷。这里已经相当靠近北京了，历史上这里发生的战事，大都是直接为了争占北京"[《走不完的太行山之太行八陉（蒲阴陉）》，该文发布于网络新媒体"长治山河户外"微信公众号]，"蒲阴陉的历史唐宋以前见于记载的不多，自金元定都北京以后，蒲阴陉作为京都的西门户，其位置至为重要"[②]，此处提到了一个关键的地方——易县，还有一条关键的河流——拒马河，显然这两处与前文所论"蒲阴"名称的来历均无关系。蒲阴陉的记载唐宋之前不多，从地名形成的角度来看，显然不符合太行八陉的整体情况。《读史方舆纪要》有相关解释：

> 易州，（保定）府西北百二十里。……春秋战国时为燕地，秦置上谷郡，汉属涿郡，后汉因之。晋属范阳国，后魏亦属范阳郡。隋初曰昌黎郡，旋改易州，炀帝初复曰上谷郡。……州控据西山，指顾朔代，东下则

---

① 李焘. 续资治通鉴长编：卷五五"咸平六年六月"条 [M]. 北京：中华书局，2004：1201-1202.

② 王尚义，牛俊杰，任世芳. 论晋商商贸活动的地理区域划分及扩展机制 [C] //历史环境与文明演进：2004 年历史地理国际学术研讨会论文集. 西安，2004.

岐沟、督亢不可为固，西出则飞狐、雁门不足为险也。①

废易县，今州治。本汉之故安县，属涿郡。文帝封申屠嘉为侯邑。后汉仍属涿郡。建安九年，袁谭败袁尚于中山，尚走故安，依袁熙。晋属范阳国，后魏属范阳郡。②

可见易县战略地位确实重要，亦不排除以易县为中心形成了古道，但从地名的角度来说，这条古道与太行八陉之七的蒲阴陉没有关系；从水系的角度来看，显然蒲阴陉围绕的是唐河（滱水），而非拒马河，这两条河完全是两个不同的水（体）系。再看一则材料：

濡水 在（易）州北。源出穷独山，东南流，支分入城。又东四里许，渊而不流，曰圣女水。又东南流，入容城县界，或谓之北易水。③

关于濡水，前文相关文献已有论述，"其（濡）水自源东，迳其县（蒲阴）故城南"④"枉渚回湍，率多曲复，张晏曰：濡水于（蒲阴）城北"⑤，可见如若易县与蒲阴陉之间有所联系，也仅限于濡水即北易水（关于易水文化，相关的碑刻整理可供参考⑥），但显然"蒲阴"地名与濡水没有关系。至于河流名称，流经不同的地域其名称明显也有区别：

濡水，在（顺平）县西南。《水经注》："濡水出蒲阴县西枉渚，回湍率多曲复，亦谓之曲逆水。……绕（顺平）县东南合于祁水。或以此即祁水之别源，非故濡水也。"⑦

濡水，在（易）州北。源出穷独山，东南流，支分入城。又东四里许，渊而不流，曰圣女水。又东南流，入容城县界，或谓之北易水。⑧

易水，在（安）州城北。府境曹河、徐河、石桥河、一亩泉河、滋河、沙河、鸦儿河、唐河，与易水为九河，合流于此，统名为易水。⑨

---

① 顾祖禹. 读史方舆纪要：卷一二·北直三［M］. 北京：中华书局，2005：539-540.

② 同①540.

③⑧ 同①543.

④ 郦道元. 水经注校：卷一一·滱水［M］. 王国维，校. 上海：上海人民出版社，1984：400.

⑤ 同④400-401.

⑥ 潘新宇. 易水访碑记［M］. 保定：河北大学出版社，2021：6.

⑦ 同①529.

⑨ 同①536.

可见，濡水有多个名称。这则材料还间接说明了一个问题，即宋辽金时期的蒲阴县与祁水有密切关系。这是否为蒲阴县名称的来源？相关的材料并未做进一步解释，关于蒲阴陉相关地名的由来，本部分即论述至此。

第三章 汉代至北朝时期蒲阴陉的形成及所涉区域探讨

在第二章中，针对蒲阴陉的名称由来进行了相关材料的分析、考辨，得出以下结论：蒲阴陉得名于"蒲阴"，而"蒲阴"最初是作为政区名出现的，时间至迟不晚于东汉末年至曹魏时期，"蒲阴"与唐河（滱水）的一条支流——蒲水有关；先有蒲阴县（城）后有蒲阴陉，从地名的角度是能够说得通的，现有的最早关于太行八陉的材料系东晋南朝时期郭缘生的《述征记》，从文献记载的角度看，先有蒲阴县后有蒲阴陉，在时间先后上也能够成立（仅是从名称的角度分析，作为一条古道，不能排除在有"蒲阴陉"名称出现之前，古道已经实质存在①）。除了名称上的源流之外，蒲阴陉作为一条重要的通道，其形成，尤其是形成时间，以及主要构成、所经区域等问题都值得探讨，下面即对此做出考证。

一、两汉时期蒲阴陉的形成及其所涉区域——基于北平县（军）地望考辨

严耕望在《唐代交通图考（河东河北区）》中对蒲阴陉的范围做出了界定："由（五回）岭循徐水源头（今雷溪，即大栅河上源）东南行约九十里至满城（今县近处），蒲阴故城在县南三十里之谱。此即古蒲阴道。"② "按宋北平军即今完县治，是当即古蒲阴道也。"③第一则解释中提到了几处关键地名——五回岭、徐水（河）、满城，第二则解释更为直接，认为北宋时期的北

---

① 八条古道均系客观存在，"八陉"仅是针对古道的具体命名，若结合考古材料，八条古道的整体存在时间远早于中古时期. 具体可参见高江涛的部分研究成果，例如《商代经略晋南的交通道路初探》（2018 年）.

②③ 严耕望. 唐代交通图考（河东河北区）［M］. 上海：上海古籍出版社，2007：1087.

平军辖境即古蒲阴道，根据成书时间可知其所说的"古"应是北宋之前。严论并非针对蒲阴陉的专论，而是关于太行山东麓区域内所有道路的通盘考察，有限的关于蒲阴陉的内容是作为飞狐陉的延伸所存在的。对照相关的地理图集（《中国自然地理图集》①《河北省地图集》②），飞狐陉所处的河北省涞源县与蒲阴故城所在区域并不接壤，虽然在地理位置上两条古道确处于太行山区向冀中平原的过渡地带，但二者之间并不联通（地形图上看，二者之间受太行山走向的影响，地形上不联通）。确定蒲阴陉的范围系本部分的主要内容，要确定古道的范围，就需对古道周围的关键的地名做相关的考证，在判断古道范围的同时，也对其形成时间做相关考察。

严著中"按宋北平军即今完县治，是当即古蒲阴道也"所提到的宋北平军系北宋时期的北平军，《宋史·地理志》记载：

> 中山府，次府，博陵郡。建隆元年，以易北平并来属。太平兴国初，改定武军节度。本定州，……北平。（中下。）……北平军。（庆历二年，以北平砦建军。四年复隶州，即北平县治置军使，隶州。）③

北宋时期定州中山府下辖北平县与北平军，二者一字之差。严著所论明确直指北平军，北平军的出现最早也在庆历二年之后，就北宋的行政区划的实际情况来说，北平县与北平军是长期共存的，但北平军受北平县节制，"即北平县治置军使，隶州"。关于北平县、北平军二者关系，北宋的当朝史料有记载：

> （庆历三年十二月）乙卯，以北平军隶定州，以朝臣为军使兼知北平县事，其都监、主簿、县尉、监当使臣并如旧，余官省之。④
>
> （庆历五年六月）乙丑，以定州北平军军城寨、真定府北寨及沧州并隶缘边安抚司。⑤

综合庆历三年、五年这两则材料，北平军和北平县系一套职官，北平县的知县系军使兼职，即知北平军的军使兼知北平县，从这一角度看，显然北平军的地位较北平县要高，从材料看"军"的属官要多于"县"。既然是兼官，

①② 刘明生. 中国自然地理图集 [M]. 北京：中国地图出版社，2011：64.

③ 脱脱. 宋史：卷八六·地理二 [M]. 北京：中华书局，1977：2127.

④ 李焘. 续资治通鉴长编：卷一四五"庆历三年十二月乙卯"条 [M]. 北京：中华书局，2004：3515-3516.

⑤ 李焘. 续资治通鉴长编：卷一五六"庆历五年六月乙丑"条 [M]. 北京：中华书局，2004：3784.

"军""县"二者的位置应是接近的，以便于政务处理。北平军的军使从隶属上系定州缘边安抚司，显然是明确了政区的性质即军事型政区，缘边安抚司设置于沿边区域，以强化区域的军事特性①。再看关于北平寨的三则材料：

> （咸平四年冬十月）诏高阳关三路兵增骑二万为前锋，又命将五人，各领骑三千阵于先锋之前……马步军都军头、北平寨驻泊部署荆嗣领万人，以断西山之路。②
>
> （景德元年夏四月）诏北平寨筑隄导河水灌才良淀者宜罢之。先是，上以北面功役烦重，渐及炎夏，虑长吏不能优恤，又阅北面地图，才良淀势极卑下，至夏秋积水，不假人力，故有是诏。（二事见经武圣略，不得其时，并附之四月末。）③
>
> （景德三年八月）契丹移文北平寨捕为盗者，寨遣人与俱往，或言其不便。甲戌，诏边臣自今当自擒逐畀付，勿使外境人同诣乡村。④

宋真宗时期，北平军的前身为北平寨，其不同的职能在材料中均有体现。就军事方面而言，北平寨驻泊部署荆嗣系西山一线的前线总指挥，北宋前期冀州籍武将群体的代表⑤，在战时可以驻军万余人。就战后的防御建设而言，北平寨系河北缘边区域的水长城一线的重要节点，唐河支流流经于此，在此处筑堤系可充分利用水流。前文有论，蒲阴的得名即源于水流，从这一点来看，北平寨对此是有继承。至于宋辽双方的交涉，显然蒲阴陉这条古道起到了划分二者区域的作用。北平军由北平寨发展而来，同时兼管北平县，严论认为北平军城即是完县（今顺平县）旧县城，《读史方舆纪要》有论：

> 北平废县，（完）县东二十里。汉县治此，……五代时，县移今（明清之际）治。宋置北平寨于此。景德初，契丹寇威房、顺安军，进攻北平寨，总管田敏击走之；东侵保州，复败却。庆历二年于北平寨置北平军。

---

① 黄繁光. 宋真宗河北边防战守策略的几个问题［C］//澶渊之盟一千周年国际学术研讨会论文集. 濮阳，2004：87.

② 李焘. 续资治通鉴长编：卷四九"咸平四年冬十月"条［M］. 北京：中华书局，2004：1079.

③ 李焘. 续资治通鉴长编：卷五六"景德元年夏四月"条［M］. 北京：中华书局，2004：1235.

④ 李焘. 续资治通鉴长编：卷六三"景德三年八月"条［M］. 北京：中华书局，2004：1416.

⑤ 可参见：杨倩描、徐立群. 北宋前期冀州籍武将述论［C］//河北省"九州之首——冀州"历史文化研讨会会议论文集. 冀州，2008. 还可参见："燕赵自古多慷慨悲歌之士"散议［M］//燕赵文化论萃. 石家庄：河北人民出版社，2007：401-410.

四年，即（北平）县治置军，以寨属焉。金废。①

这则材料提供了几点信息，首先是北平（废）县的位置在清初完县县东二十里，（废）县针对的是汉代的北平县县治所在。五代时，北平县县治所在发生了变化，迁到了明清之际的完县县治所在。至北宋时期，汉代的北平县县治成为北平寨所在，又在寨的基础上发展成为北平军，顾祖禹在此基础上提出了"即县治置军"的观点，这一"县治"是否是指北宋时期的北平县县治，作者未做更多解释，但北平县与北平军在治所上处于同一地，是符合实际情况的。县、军的职能不同，但二者是同一套属官，北平军偏重军事，北平县偏重民政，二者并不冲突，北平县系定州下辖最小的一个县，结合这一点，县、军治所处于同一地，符合沿边地区的实际情况。北平军的军使（一种特殊的地方行政单位，军在宋代初设时虽有直隶与非直隶之分，……至北宋中期，军使仅用于非直隶军，并在行政级别上有明确区分：直隶军等同下州，非直隶军隶属府、州，与县相当②）兼知北平县（北平县系小县，按照等级，是不设知县的③，但沿边区域有其特殊性，军使兼知县的情况才会出现），必然涉及处理县政，治所的分散是不利于治理的。除此之外，顾著还提到了"以寨属焉"，关于这一点，北宋当朝史料已有分析，在北平寨的基础上建为北平军，自此之后北平寨不再存在，但北平寨所在的具体地方还是存在的，一并属于北平军（县）管辖，关于这一点，有材料说明：

完县，（保定）府西七十里。……宋因之，庆历四年移置北平军于此，仍隶定州。④

结合顾祖禹的两则记载，相关的时间点可厘清：真宗之前，于汉代的北平县旧址设置了北平寨，后发展为重要的军事据点；宋仁宗庆历二年在北平寨寨

---

① 顾祖禹. 读史方舆纪要：卷一二·北直三［M］. 北京：中华书局，2005：528.

② 田雁. 宋代军使与非直隶军［J］. 北京行政学院学报，2008（1）：108—112. 除此之外，作者在《宋代地方行政体制中的县级军》一文中还有论"宋代县级军以军或军使形式存在，军使与知县互兼且常以县的名义列于府州属下"（《湖北行政学院学报》，2007年第2期）. 汪圣铎在《宋代军的再研究》中指出，"军是特指作为与州并立的作为一级行政单位"来自《李埏教授九十华诞纪念文集》（云南大学出版社，2003年出版）.

③ 贾文龙，潘丽霞. 南宋县级审判体制改良述议［C］//姜锡东，丁建军. 中华文明的历史与未来国际学术研讨会论文集. 保定：河北大学出版社，2010.

④ 同①527.

址设置北平军，庆历四年北平军移治于北平县县址，自此产生了军、县同治的局面；在北宋时期，北宋北平县（军）与汉代北平县址（北宋北平寨、庆历二年至四年的北平军）之间成为重要的军事防线。仅就这一点，《宋史全文》还有论：

> （咸平六年六月己未朔）镇、定、高阳三路兵悉会定州，寇来坚守勿逐，俟信宿寇疲，则鸣鼓挑战，又分兵出三路，以六千骑屯威房军，五千骑屯保州，五千骑屯北平寨，使其腹背受敌。①
>
> （景德元年）闰九月，契丹主与其母举国入寇，其统军挞览引兵掠威房、顺安军，魏能、石普等帅兵御之。能败，其前锋又攻北平寨，田敏等击走之。②

真宗时期的宋辽战争，北宋一方虽处于被动防御状态，但在北平寨一线依靠山区地形优势保存了实力。北平军（县）一线确系防御重地，但是否是蒲阴陉（道）在北宋时期的延续，需要参照其他材料继续考证。关于北宋时期的北平军（县）地望基本可以确定，但北宋之前的北平县地望，则需要参考其他材料。

关于汉代的北平县，除了上文所引顾祖禹的论述之外，前文在论述"蒲阴"名称来源时所引《汉书》《后汉书》等地理、郡国志的材料在此不再重复引用。关于两汉时期的北平县的地望，著者已有初步论述，其与滱水（唐河）支流的走向密切相关③。《资治通鉴》对于不同时期的北平县亦有论述，唐高祖武德五年的一则材料对于北平县有分析：

> （刘）黑闼遽还，遣其弟十善与行台张君立将兵一万击艺于鼓城。壬子，战于徐河，（鼓城县，旧曰曲阳，后齐废；……按水经注，下曲阳有鼓聚，此因春秋鼓子之国以名县也……水经：徐水出广昌县东南大岭下，东北径五回县，又径北平县界）。④

从胡三省的注文来看，对于北平县的认知继承的是《水经注》的观点，

---

① 宋史全文：卷五·宋真宗一 ［M］. 北京：中华书局，2016：216.

② 同①223.

③ 崔玉谦，徐舒. 民国时期《满城县志略》赵简子筑城地记载分析：兼论两汉时期北平县地望 ［M］//河北大学文学院. 燕赵中文学刊（第一辑）. 北京：社会科学文献出版社，2022.

④ 司马光. 资治通鉴：卷一九〇"武德五年正月壬子"条 ［M］. 北京：中华书局，1957：5944.

《旧唐书·地理志》对北平县建制的记载则继承了汉代的记载，"北平汉县，属中山国。万岁通天二年，契丹攻之不下，乃改为徇忠县。神龙元年，复旧名"①，胡注没有引《旧唐书》而是直接引用《水经注》。再看《资治通鉴》东魏时期（南朝梁大宝年号）的一则记载：

> （大宝元年）东魏齐王洋之为开府也，勃海高德政为管记，由是亲昵，言无不尽。金紫光禄大夫丹杨徐之才、北平太守广宗宋景业，皆善图谶，以为太岁在午，当有革命，因德政以白洋，劝之受禅。（汉、晋以来，中山有北平县，后魏孝昌中，分置北平郡，属定州。广宗县，汉属巨鹿郡，后属安平国，后魏太和二十一年，分置广宗郡；时属司州。）②

关于高洋的这则材料中，对于北平县（东魏时期）的解释，胡三省在时间段上限定为汉、晋以来，本部分的时间段限定为中古时期，关于"中古"的解释有多种，就蒲阴陉本身而言，汉晋时期显然是主要时段，蒲阴县在北魏之后长期没有设置。《读史方舆纪要》在"北平废县"即汉代北平县条目下还有一则说明，"光武击尤来、大枪诸贼于元氏，追至北平，战于顺水北，即此处也"③，关于发生于北平县的这次追击战（关于两汉之际的各支农民军，相关研究成果论述可参见漆侠的《秦汉农民战争史》④），《资治通鉴》也有解释：

> 萧王（刘秀）北击尤来、大枪、五幡于元氏，（地理志，元氏县属常山郡。阚骃曰：赵公子元之封邑，故曰元氏。）追至北平，连破之；（贤曰：北平县，属中山国，今易州永乐县也。）又战于顺水北，（贤曰：水经注云：徐水经北平县故城北，光武追铜马、五幡，破之于顺水，即徐水之别名也。今在易州。括地志：徐水过北平县界而东流，又东迳清苑城。）乘胜轻进，反为所败。⑤

关于刘秀与三支农民军的这次追击战，司马光的记载相对简略，而胡三省的注在关键部分引用了李贤的注文。对于"顺水北"的解释，李贤认为顺水

---

① 刘昫. 旧唐书：卷三九·地理二 [M]. 北京：中华书局，1975：1511.

② 司马光. 资治通鉴：卷一六三"大宝元年五月丙辰"条 [M]. 北京：中华书局，1957：5042.

③ 顾祖禹. 读史方舆纪要：卷一二·北直三 [M]. 北京：中华书局，2005：528.

④ 漆侠. 秦汉农民战争史 [M]. 北京：生活·读书·新知三联书店，1979.

⑤ 司马光. 资治通鉴：卷四〇"建武元年夏四月"条 [M]. 北京：中华书局，1957：1275.

就是徐水，即徐河，徐河过北平县界后东流，顺水北即北平县界，可见这条追击路线系沿河展开。再看更始二年的一则记载，也是刘秀与其他农民军于北平县周边作战的情况：

> 而高湖、重连从东南来，与铜马余众合；萧王（刘秀）复与大战于蒲阳，悉破降之，（贤曰：前书音义曰：蒲阳山，蒲水所出，在今定州北平县西北。余按此乃班书地理志中山曲逆县下分注，非音义也。）①

高湖、重连、铜马均是两汉之际河北地区的各支农民军②，更始二年秋，刘秀与三支农民军再次于蒲阳一带作战，刘秀大胜。关于蒲阳的解释，胡三省还是引用的李贤的注，胡氏在做注时认为李氏对蒲阳的解释系完全按照《汉书·地理志》的注释（余按）。关于李贤等做注《后汉书》，已有的研究成果认为起止时间在675年至677年③（上元二年至三年），"（张）大安，上元中历太子庶子、同中书门下三品。时章怀太子在春宫，令大安与太子洗马刘讷言等注范晔《后汉书》"④，李贤等人参考的《汉书·地理志》注出自何人，胡三省没有交代，但从时间上来说，颜师古的《汉书注》⑤等是可以参考的。关于胡注内容的画线部分，直指中山曲逆县，关于这一点，前文已有叙述：东汉时期确实出现了中山国蒲阴县（城）一级政区，但该政区具体何时出现，依靠现有材料不能完全厘清，但就行政区范围来看，涉及秦代的曲逆县、西汉时期的中山国曲逆县，涉及的河流系唐河的支流蒲水、祁水、博水，"蒲阴"作为地名出现最初是县级政区名称，可以说"蒲阴县（城）"早于"蒲阴陉"。"蒲阴"由"曲逆"改名而来是没有问题的，只是时间上依靠现有材料无法明确，胡三省在李贤注的基础上，认为蒲阳山一线即是西汉时期的曲逆县，显然已与东汉已改名的"蒲阴"直接相关。关于曲逆县，再看相关材料：

> 曲逆城，在（完）县东南二十里……郦道元以为即曲逆也。后为赵邑。秦置县。汉七年，高祖击韩王信，自代还，过曲逆……张晏曰："濡

---

① 司马光. 资治通鉴：卷三九"更始二年秋"条 [M]. 北京：中华书局，1957：1269.
② 关于农民军，不同的论述有不同的解释，具体可参见田人隆《西汉武帝时期的流民问题和农民起义》（《中国农民战争史论丛（第2辑）》，河南人民出版社，1980年出版）. 本部分采用农民军表述，出自十院校编著《中国古代史》（上），福建人民出版社，2010.
③ 马固钢.《后汉书》考释四则 [J]. 石家庄师范专科学校学报，2002（3）：18-20.
④ 刘昫. 旧唐书：卷六八·张大安传 [M]. 北京：中华书局，1975：2508.
⑤ 马固钢. 谈《汉书补注》的吸收前人成果 [J]. 石家庄师范专科学校学报，2002（1）：46-47.

水于城北，曲而西流，故曰曲逆。"后为县，属中山国。①

关于从"曲逆"到"蒲阴"的沿革，在此不再重复，值得注意的是方位问题，曲逆城在完县（今河北顺平县）东南二十里，从上文引用的《资治通鉴》的材料可知，高湖、重连两支农民军是从东南方向直奔蒲阳山一带与铜马军汇合的，关于汉代的北平县"北平废县（完）县东二十里"②，县东南二十里与东二十里，显然只是具体方位上的区别，可以确定的是，曲逆县（汉代）位于北平县（汉代）的南部，这条行军路线系由南向北。

关于汉代的北平县，上文在分析北宋北平军、县关系时引用材料已说明，北平县的县治长期未发生变化。在五代之前，"唐长庆初，义武帅陈楚败卢龙叛将朱克融兵于望都及北平。五代时，县移今治"③，五代时期，不光是北平县，曲逆县（后来的蒲阴县）亦早已不存在，宋辽金时期的蒲阴县就区位而言已发生根本变化。以刘秀与高湖、重连、铜马三支农民军战于蒲阳山为线索，可知汉代的曲逆县（蒲阴县）至北平县，由南向北的方向构成了早期蒲阴陉的基本走向。关于汉代的北平县，西汉早期的材料还有记载：

> 上（刘邦）至广武，赦刘敬，曰："吾不用公言，以困平城；吾皆已斩前使十辈矣！"乃封敬二千户为关内侯，号为建信侯。帝南过曲逆，（班志，曲逆县属中山国。张晏曰：濡水于城北曲而西流，故曰曲逆；后汉章帝丑其名，改曰蒲阴。杜佑曰：中山郡北平县，秦曲逆县，后汉蒲阴县。曲逆，读皆如字。）④

刘邦在解平城之围后经广武至曲逆，司马光强调系南下经过曲逆，胡三省的注解引用了班固、张晏、杜佑三人的论述，尤其是杜佑的论述直接指出了北平县至蒲阴县的这条南北通道，在《通典》中，有更直接的描述，"北平（秦曲逆县，汉为蒲阴县。蒲水所出，在今县西北）"⑤。杜佑描述的是唐代的政区情况，两个相邻县由于滱水（唐河）支流的关系，自然形成一条古道是没有问题的，蒲阳山、蒲水二者构成了蒲阴陉形成的条件。关于蒲阳山："《前书》音义曰'蒲阳山，蒲水所出'，在今定州北平县西北。"⑥ 蒲阳山系蒲水的

①②③ 顾祖禹. 读史方舆纪要：卷一二·北直三 [M]. 北京：中华书局，2005：528.

④ 司马光. 资治通鉴：卷一一"高帝七年冬十月"条 [M]. 北京：中华书局，1957：378.

⑤ 杜佑. 通典：卷一七八·州郡八 [M]. 北京：中华书局，1957：138.

⑥ 范晔. 后汉书：卷一上·光武帝纪第一上 [M]. 北京：中华书局，1982：18.

源头，关于蒲阴，前文已解释是一个典型的山水地名，即蒲水之阴。汉代的蒲阴县（曲逆县）至北平县之间的这条南北向的通道，不论是根据刘邦从平城南归还是根据刘秀与农民军战于蒲阳山，都可确定其在两汉时期已经形成，虽然早于《述征记》首次记载太行八陉的时间，但本身并不矛盾。不光是蒲阴陉，其他七条通道也有相似的情况："轵关陉道道路沿线聚落形态的时空分布特点反映此道可能在早至史前时期即已存在。该道路在先秦时期作为军事要道的作用非常明显，同时也是一条盐、铜矿等重要自然资源的运输通道。"① 可以得出结论：蒲阴陉作为一条通道，至迟在汉代早期即已形成。

二、汉代以后蒲阴陉的支线及门户——阳城支线及阳安关考辨

通过上文的论述，蒲阴陉的形成至迟不晚于西汉初期，刘邦经平城之围南下过曲逆（蒲阴城）时，这条通道实际已形成；刘秀与几支农民军大战于蒲阳山，行军路线是围绕蒲阴陉展开的；北宋初期尤其是真宗时期，面对契丹骑兵的冲击，虽然宋军整体防御措施失当，但在山前一线的防御依靠有利地形还是取得了优势，以北平寨为中心的防线实际是对蒲阴陉的继承。虽然从地名的角度，至北宋初，曾经的"蒲阴"已不存在，但作为一条通道，蒲阳山、蒲水、蒲阴县、北平县四者之间从西北至东南的的通路却是始终存在的。在此基础上，本部分继续向东南方向展开，论述蒲阴陉的东南门户——阳城（由于不同时期不同注者对西晋史料的理解不一致，关于阳安关的部分在此做顺带考辨）。先看《读史方舆纪要》中记载的几则具体方位：

> 北平废县，（完县）县东二十里。②
> 曲逆城在，（完县）县东南二十里。③
> 阳城，（完县）县东南五十里。④

对三个具体地点而言，方位是清楚的，蒲阴县（曲逆城）在北平县南，

---

① 高江涛. 洛阳盆地与晋南早期交通道路之"轵关陉道"[J]. 中原文物, 2019（6）：38-46. 考古材料对于厘清相关通道的早期情况有直接帮助，但蒲阴陉沿线的考古材料截至目前，未见有刊布.
② 顾祖禹. 读史方舆纪要：卷一二·北直三 [M]. 北京：中华书局，2005：527.
③④ 同②528.

阳城则在蒲阴县南三十里，关于阳城与蒲阴县的方位，材料有述："《续汉志》：中山蒲阴县有阳城。阳城在蒲阴东南三十里。"① 关于此书，"《续汉书》自成书至隋唐时期，一直单独流传……梁朝刘昭第一次将范晔《后汉书》纪传与司马彪《续汉书》志合编为一书并为之注疏"②，可见该书成书在西晋时期。司马彪个人生平如下：

> 彪乃讨论众书，缀其所闻，起于世祖，终于孝献，编年二百，录世十二，通综上下，旁贯庶事，为纪、志、传凡八十篇，号曰《续汉书》。泰始初，武帝亲祠南郊，彪上疏定议，语在《效祀志》。③

泰始为西晋第一个年号，《续汉书》成书在此之后。可以说《续汉书》的地理志部分反映的是泰始之前的蒲阴县的情况。关于阳城，《资治通鉴》中有记载：

> （开运二年二月）戊午，契丹至泰州。己未，晋军南行，契丹蹑之。晋军至阳城，（续汉志：中山蒲阴县有阳城。水经注：博水出中山望都县，东径阳城县，散为泽渚，世谓之阳城淀。阳城在蒲阴县东南三十里。）庚申，契丹大至。晋军与战，逐北十余里。④

后晋开运二年，契丹大军南下至泰州（今河北保定）一带。晋军南行，契丹采取的是追击战术，追击至阳城一带，与晋军遭遇，关于具体的作战过程以及双方胜败结果，司马光并未多载，但契丹的北撤说明其南下的意图没有实现，阳城一线晋军的防线并未被突破。胡三省针对阳城所做的注，除了引用司马彪《续汉书》，《水经注》中的记载也被引用。从郦道元的记载来看，在北魏时期，阳城一线已形成淀泊，虽然郦氏的解释并不集中，尤其是"散为泽渚，世谓之阳城淀"的"世"字，是指北魏时期还是始于北魏之前，不得而知。若从滱水（唐河）支流的走向来看，在北魏时期河道早已形成，若按此，后晋时期显然阳城一代已有淀泊存在，契丹军队的北撤明显是受到了水因素的影响，胡三省在此处夹注，观点显然如此（有分析认为早期的地质活动和黄河

① 顾祖禹. 读史方舆纪要：卷一二·北直三［M］. 北京：中华书局，2005：528.
② 谢琛. 司马彪《续汉书》研究［D］. 合肥：安徽大学，2012：16.
③ 房玄龄. 晋书：卷八二·司马彪传［M］. 北京：中华书局，1982：2141-2142.
④ 司马光. 资治通鉴：卷二八四"开运二年二月戊午"条［M］. 北京：中华书局，1957：9288.

在河北平原的过流为流域淀泊的形成和发育奠定了基础，形成了目前流域中的平原地区洼淀遍布的状况。北宋时期"水长城"的建设受到了战争因素的影响，开河引水形成的"塘泺防线"是目前大清河流域中游蓄滞洪区形成的基础①，但《水经注》的记载明显不是针对北宋"塘泺防线"，阳城淀的位置也不是传统塘泺区域，著者认为影响因素更多的还是区域环境因素②）。除了胡氏之外，李焘也受到了郦道元的影响，《读史方舆纪要》记载，"宋景德元年，契丹犯保州，不克，进攻定州。宋兵拒之于唐河，契丹遂驻阳城淀，即此（阳城）"③，景德元年秋冬时期系宋辽战争的第三个阶段，顾祖禹的记载较简略，《续资治通鉴长编》对此有详载：

> 契丹自定州帅众东驻阳城淀，遂缘胡卢河踰关南。是月丙戌，抵瀛州城下。④
> 北面部署奏："契丹自瀛州遁去，其众犹二十万。侦得其谋，欲乘虚抵贝、冀、天雄军。"诏督诸路兵及澶州戍卒会天雄军。⑤

景德元年战争的情况，在此不多论⑥，但阳城淀在这一时期已存在，辽军在阳城淀短暂停留后，挥师东进，最终的目标系瀛洲（今河北高阳、河间一带），北宋的"水长城"在这一阶段还未建成，相关材料有论，"知雄州何承矩上言：'乾宁军西北有古河渠抵雄州，可疏通，漕则不复入界河，免戎人邀击之患。计浚治之役工，凡二千万。'上曰：'工作甚大，又非其时矣。'"⑦可见阳城淀的形成和人为引水基本无关，景德元年夏四月还未开始引水工程，而入秋之后战争已开始。关于阳城淀的情况，除了郦道元的记载外，《水经注疏》也有记载，对照如下：

① 关于这一问题，近年来随着雄安新区的建设，由现实视角入手关注淀泊问题的成果居多，集中于白洋淀区域，例如：崔俊辉，董鑫. 白洋淀芦苇生态功能与经济发展研究 [J]. 石家庄铁道大学学报（社会科学版），2020（3）：34-38. 丁建军，王轶英. 宋辽对峙成就的一座历史名城：北宋之雄州 [C] //姜锡东. 华北区域历史变迁国际学术研讨会论文集. 保定：河北大学出版社，2012：4.
② 崔玉谦，耿燕辉. 早期督亢故地研究二题 [M] //传媒与艺术研究（第1辑）. 保定：河北大学出版社，2022：186-197.
③ 顾祖禹. 读史方舆纪要：卷一二·北直三 [M]. 北京：中华书局，2005：528.
④ 李焘. 续资治通鉴长编：卷五八"景德元年冬十月己酉"条 [M]. 北京：中华书局，2004：1279.
⑤ 同④1280.
⑥ 漆侠. 辽国的战略进攻与澶渊之盟的订立：宋辽战争研究之三 [J]. 河北大学学报（哲学社会科学版），1992（3）：1-11.
⑦ 李焘. 续资治通鉴长编：卷五六"景德元年夏四月壬午"条 [M]. 北京：中华书局，2004：1235.

表 3-1　　《水经注》与《水经注疏》相关记载对照（3）

《水经注》	《水经注疏》
博水又东南，迳谷梁亭南，又东迳阳城县，散为泽渚①	会贞按：据后文称"阳城县故城"，又引《郡国志》"蒲阴有阳城"，是当为前汉废县，而《汉志》不载②
于时行旅过瞩，亦有慰于羁望矣，世谓之为阳城淀也③	会贞按：《元和志》《寰宇记》并云：阳城淀在望都县东南七里，周围三十里④
《郡国志》曰：蒲阴县有阳城者也。今城在县东南三十里⑤	会贞按：《资治通鉴》晋隆安元年，燕主宝遣赵王麟攻阳城，即此⑥ 会贞按：在今完县东南五十里⑦

　　《水经注疏》中熊会贞对于郦道元的注有进一步的解释，首先是针对阳城名称的解释，熊会贞认为阳城为西汉时期的阳城县，《汉书·地理志》没有记载而《后汉书·郡国志》有记载，关于这一点，两部书都有记载：

　　　　中山国，高帝郡，景帝三年为国。莽曰常山，属冀州。……县十四：卢奴，北平……北新成……唐……深泽……苦陉……安国……曲逆……望都……新市，新处，毋极，陆成，安险。⑧

　　从《汉书·地理志》记载情况看，西汉时期的中山国，并无阳城县下辖。李贤等在对《后汉书·郡国志》"蒲阴"条目的解释中有提到："蒲阴本曲逆，章帝更名。有阳城。《晋地道记》曰：'有阳安关。阳城。蒲阳山，蒲水出也。'"⑨ 关于李贤等人引用的《晋地道记》一书应为《晋书地道记》，为东晋史学家王隐所撰《晋书》中一志，记西晋初十九州及郡、县建置沿革。关于王隐撰《晋书》，"隐家贫，无修史之资用，便南游武昌，投奔陶侃。寻侃于九年（334）六月卒，庚亮继镇武昌，供隐修史所用之纸笔，书渐清定。咸康六年（340）正月，亮卒，隐始诣建康，奏上其书89（88）卷。此后数年

---

① 郦道元. 水经注校：卷一一·滱水 [M]. 王国维，校. 上海：上海人民出版社，1984：399.
②④⑥⑦ 谢承仁. 杨守敬集（第三册上）·水经注疏：卷一一·滱水 [M]. 武汉：湖北人民出版社，1997：802.
③⑤ 同①400.
⑧ 班固. 汉书：卷二八之下·地理志第八下 [M]. 北京：中华书局，1983：1064.
⑨ 范晔. 后汉书：志第二○·郡国二 [M]. 北京：中华书局，1983：3434-3435.

间，又不断修补，成93卷"①，毕沅认为《宋书·州郡志》、刘昭注《续汉书·郡国志》、《魏书·地形志》的撰著均以王隐著为准②，若按咸康六年（340）成书说，则"阳安关与阳城"的提法在东晋前期已有，结合王隐的论述，阳城是否还有另一个名称即"阳安关"？"蒲阴县阳城"也可称为蒲阴县阳安关？阳安关即蒲阴陉东南方向的关口？清代赵一清在《水经注释》中对于阳安关也有解释："《晋书地道记》曰：蒲阴县有阳安关，盖阳安关都尉治。"③ 关于赵一清的再注，《四库全书总目提要》对其评价："虽其中不免影附夸多，然旁引博证，颇为淹贯。订疑辨伪，是正良多。"④ 赵氏对于《晋书地道记》的记载的阐释相较李贤等人详细，尤其提到了阳安关有一处都尉。都尉系基层治安方面的属官⑤，但正如《四库全书总目提要》的评价，赵氏和李贤等人均没有指明阳安关的具体方位。

《读史方舆纪要》中对于阳安关也有记载："安阳关，在县西北。《晋（书）地道记》：蒲阴有安阳关，安阳都尉治焉。"⑥ 顾祖禹的记载在名称上与范晔、李贤、赵一清等均不一致，出现了颠倒，综合来看，著者认为应是"阳安关"而不是"安阳关"，在字序上顾氏有误。严耕望在《唐代交通图考（河东河北区）》中对于"阳安关"还是"安阳关"，也有表述："安阳关在北平县（今完县东北）西北二十五里安阳川口，即晋以来之阳安关也，当亦在此道（蒲阴）上。"⑦ 颜氏的表述对于地名顺序做了模糊的处理，但在先后顺序上明显有颠倒，安阳关即晋以来之阳安关也，《晋书地道记》反映的既是西晋咸康六年（340）之前的政区情况，范晔、李贤、赵一清三人的依据均是此书，阳安关的出现在时间上定早于安阳关，即便二者确存在名称上的改变，从地名的角度来看，显然应以符合所处时间段的名称为准，蒲阴陉存在的时间段该关口的名称应是"阳安关"（地名是社会发展到一定阶段的产物，并有其演变过程。一个地方，在各个时期往往有不同名称，属地也常有变化⑧，蒲阴陉

① 曹书杰. 王隐家世及其《晋书》[J]. 史学史研究，1995（2）：23-30. 还可参见：崔英杰. 东晋政治影响下的史学研究 [D]. 石家庄：河北师范大学，2011：7.

② 喻娟. 唐修《晋书》与王隐《晋书》对比研究 [D]. 南充：西华师范大学，2016：9.

③ 赵一清. 水经注释：卷一一，《四库全书》之史部一一 [M]. 台北：新文丰出版公司，1982：27.

④ 金毓黻. 文溯阁四库全书总目提要 [M]. 北京：中华书局，2014：64.

⑤ 姜锡东，王钟杰. 宋代的武臣县尉 [J]. 河北大学学报（哲学社会科学版），2006（3）：1-6.

⑥ 顾祖禹. 读史方舆纪要：卷一二·北直三 [M]. 北京：中华书局，2005：530.

⑦ 严耕望. 唐代交通图考（河东河北区）[M]. 上海：上海古籍出版社，2007：1087.

⑧ 崔恒升. 地名审定与方志编纂 [J]. 安徽史学，1983（8）：31-34. 相关的工具书，对于地名的不同时期变化也有介绍，可参见崔乃夫. 中国地名大辞典：第一卷 [M]. 北京：商务印书馆，1999：6.

沿线的关口显然也具备这个特点）。具体方位上，顾氏明确了系在县城的西北方向，虽然该县指的是明清之际的完县，但就中古时期的蒲阴县而言，方位上也是西北。阳安关与阳城是蒲阴陉的两个关口，其区位就蒲阴陉（县）而言，分别位于西北与东南，但就重要性而言，明显还是阳城更为重要。

关于阳城作为蒲阴陉的门户，军事地位十分重要，熊会贞曾引用具体的战例进行说明，关于这一战例，《读史方舆纪要》的记载为：

> 晋隆安初，慕容宝闻拓跋珪攻信都，出屯深泽，遣慕容麟攻阳城，杀魏守兵，拓跋珪因还屯阳城。既而拓跋仪攻慕容德于邺，珪以军食不给，命仪去邺，徙屯巨鹿，积租阳城。①

关于北魏与后燕的河北区域争夺战，相关论述见下注②。从双方的路线上来看，明显均是由北向南，阳城一带本不是争夺的要点。从整体的战争形势来看，拓跋珪系进攻方，慕容宝则是防御一方。双方的争夺点本是在信都、深泽一线，拓跋珪的最终目标系中山、邺城，但粮饷补给集中于阳城一带，显然其地点选择有问题。关于信都、深泽，同时期的材料有载：

> 冀州（后汉治高邑、袁绍、曹操为冀州，治邺，魏、晋治信都，晋世邵续治厌次，慕容垂治信都。皇始二年平信都，仍置。）③
> 深泽（前汉属涿，后汉属安平，晋属。二汉、晋曰南深泽，后改。有女蜗神祠。）④

从方位上看，明显深泽位于信都北部，可见拓跋珪的粮饷补给明显是滞后的。信都⑤系西晋时冀州州治所在，慕容垂曾在此驻扎，地理位置对于后燕来说至关重要。针对拓跋珪的行军路线及粮饷补给设置上出现的问题，慕容宝没

---

① 顾祖禹. 读史方舆纪要：卷一二·北直三 [M]. 北京：中华书局，2005：528.
② 关于魏燕战争时期的河北区域，从后燕角度论述的内容多集中于人物与具体战例，例如在《后燕兴衰研究》中有论"军事奇才慕容垂及众多名将保证了后燕复兴的顺利，失去慕容垂的后燕则在燕魏战争中频频失利，也暴露了后燕存在的诸多矛盾。持续的战争和隐附人口严重削弱了后燕中央政府的能力"（参见刘士伟的淮北师范大学硕士学位论文，于2022年通过答辩）.
③ 魏收. 魏书：卷一〇六上·地形二上 [M]. 北京：中华书局，2018：2464.
④ 同③2463.
⑤ 关于信都地望，有不同的解释，今河北省信都系由原邢台市桥西区改名而来. 可参见：孙继民. 战国赵信都地望考 [M]//孙继民，郝良真，等. 先秦两汉赵文化研究. 北京：方志出版社，2003.

有采取追击战略，而是派遣慕容麟直接进攻阳城。拓跋珪得知阳城失守后，直接由信都一线返回阳城，顾祖禹的描述系"还屯阳城"，可见阳城对于拓跋珪来说不仅是一般的粮饷补给点，而且是后方主要据点。关于魏燕双方对此回合战斗的反应，《资治通鉴》有详细记载：

> 燕主宝闻魏王珪攻信都，出屯深泽，遣赵王麟攻杨城，杀守兵三百。宝悉出珍宝及宫人募郡县君盗以击魏。二月，己巳朔，珪还屯杨城。……珪欲北还，遣其国相涉延求和于燕，且请以其弟为质。宝闻魏有内难，不许。①
>
> 兵法曰：知彼知己，百战不殆。慕容宝徒欲乘拓跋珪之有内衅而困之，而不知己之才略不足办也。②

以上两则材料分别是司马光的论述以及胡三省的注解，从司马光描述的过程来看，由于阳城被偷袭，加之指挥层面的矛盾分歧，拓跋珪已有北归之意，从这一点可以看出阳城良乡对于魏军的重要性。虽然拓跋珪做出的决定不能仅归因于阳城一个点，但这个点的重要性对于魏军来说毋庸置疑，甚至在与后燕的求和中，提出了质子的请求。从胡三省的注来看，显然后燕没有抓住政治上的主动，在才略上慕容宝明显不及拓跋珪。关于这次阳城失守的后续，《资治通鉴》还有记载：

> （隆安元年二月）丁丑，魏军至，营于水南。宝潜师夜济，募勇敢万馀人袭魏营，宝陈于营北以为之援。募兵因风纵火。急击魏军，魏军大乱，珪惊起，弃营跣走；燕将军乞特真帅百馀人至其帐下，得珪衣靴。③
>
> 敌出其不意，故走；见敌之不整，乃还战；善用兵者固观变而动也。④

不论是司马光还是胡三省，从二人的论述来看，在军事方面，后燕明显占有优势，魏燕双方的第一回合战斗，由于阳城被偷袭，北魏一方被迫采取了守势。在此之后，双方继续战场上的较量，阳城依旧是争夺的要点。此次战争的后续在《读史方舆纪要》中的记载集中于拓跋仪攻邺城，但显然吸取了阳城失守的教训，《资治通鉴》对于后续也有记载：

---

①② 司马光. 资治通鉴：卷一〇九"隆安元年二月"条［M］. 北京：中华书局，1957：3439.
③④ 同①3440.

（隆安元年夏四月）魏王珪以军食不给，命东平公仪去邺，徙屯巨鹿，积租杨城。慕容详出步卒六千人，伺间袭魏诸屯；（伺，相吏翻。间，古苋翻。）珪击破之，斩首五千，生擒七百人，皆纵之。（纵之，所以携中山城中之人心。）①

这一次针对邺城的长途作战，魏军吸取了教训，除了继续于阳城一带屯粮，在南下路线上也有针对性地在巨鹿一带屯粮，"钜鹿郡（秦置，后汉建武中省广平国属焉）领县三"②，显然这次的随军屯粮没在平原区域展开，而是在太行山山前区域，因此后燕一方的偷袭没有取得效果，材料没有明确说明偷袭的是阳城还是巨鹿，但从结果来看，后燕是失败了。

结合《资治通鉴》《水经注》《续资治通鉴长编》等文献对于后燕与北魏、后晋与契丹、宋辽之间的几次战争的记载，蒲阴陉的南下方向基本可以确认，就是阳城（淀）一线，这一线已不是传统的山前区域，而是由太行山区域向冀中平原的过渡区域③，这一方向（东南）已与平原的交通路线有交集，从这一点来看，蒲阴陉系由北向南的通道无疑。从通道自身来看，由北向南是其主要方向，不论是刘邦由平城南下、刘秀与几支农民军的遭遇追击战，还是魏燕之间、辽宋之间的战争，在此通道上均是由北向南为主。同时，不论是拓跋珪的北撤还是契丹的北还，均没有再走这条路线，由此可见，蒲阴陉在军事上的主要作用是充当南下通道。蒲阳山、蒲水、蒲阴县、北平县整体系西北向东南的方向，核心系由北向南的北平县（汉代）至蒲阴县（汉代）一带，阳城（淀）一带则系蒲阴县（汉代）的东南方向，蒲阴陉作为通道至此还有延伸，《资治通鉴》有记载：

（开运二年二月）癸亥，晋军至白团卫村，（考异曰：汉高祖实录作"白檀"。今从晋少帝实录。）埋鹿角为行寨。契丹围之数重，奇兵出寨后断粮道。④

（开运二年二月）（符）彦卿等跃马而去，风势益甚，昏晦如夜，彦

---

① 司马光. 资治通鉴：卷一〇九"隆安元年夏四月"条［M］. 北京：中华书局，1957：3452.
② 魏收. 魏书：卷一〇六上·地形二上［M］. 北京：中华书局，2018：2471.
③ 崔俊辉，吴忧. 河北山地地貌面与农业开发利用［C］//中国地理学会百年庆典论文集. 北京，2009：76.
④ 司马光. 资治通鉴：卷二八四"开运二年二月戊午"条［M］. 北京：中华书局，1957：9288-9289.

卿等拥万馀骑横击契丹，呼声动天地，契丹大败而走，势如崩山。李守贞
亦令步兵尽拔鹿角出斗，步骑俱进，逐北二十馀里。①

以上两则材料仍是上文所论开运二年晋辽战争的延续，涉及地点"白团卫
村"，关于名称的差异，司马光在《资治通鉴考异》中认为应系"白檀卫村"，
胡三省则采纳了《晋少帝实录》的观点，因此可以说"白团卫村"出自《晋
少帝实录》一书。关于这处地名，顾祖禹也有论："白团卫村在故阳城南四十
里。旧史作白檀卫村。"②顾氏所说的旧史应是指《资治通鉴考异》。白团卫村
在阳城南四十里，关于这一时期的"村"，有相关专论，"唐代的村是行政区，
是最低一级的行政单位"③。晋军的据点设在白团卫村，同时辽军队也在这里
囤粮，因此晋军的第一步即是切断辽军的粮饷供给。在此可以强调一点，后燕
是在阳城一带断北魏的粮饷，而白团卫村在阳城南四十里，可见阳城至白团卫
村一线系适宜运粮的通道，至白团卫村（行政区意义上的村更多的是唐代以后
设置④，平原区域有天然的优势）一线已与平原区域的道路有了连接，山间抑
或山前的路线，受地形的限制并不适宜大规模囤粮，显然更不适宜运输，从这
一点看，蒲阴陉已不是单纯的山间通道，而已与平原区域有了连接。关于开运
二年的战争，已有的研究成果有涉及⑤，具体过程在此不再赘述。在粮道被断
的情况下，气候方面的突发因素对于战争的真正进程产生了影响，晋军将领符
彦卿、李守贞借助风势打败了契丹军队。就整体战争形势而言，晋军并不占优
势，然而白团卫村一线的地理环境、辽军粮道的被断以及气候因素，使得符彦
卿、李守贞领兵得胜。关于符彦卿的研究成果⑥对这场战役也有提及，在此之
后，晋辽两军在军事上均有所克制：

（开运二年二月）契丹散卒至阳城东南水上，稍复布列。杜崇威曰：
"贼已破胆，不宜更令成列！"遣精骑击之，皆渡水去。契丹主乘奚车走
十馀里，追兵急，获一橐驼，乘之而走。诸将请急追之。杜崇威扬言曰：

① 司马光. 资治通鉴：卷二八四"开运二年二月戊午"条［M］. 北京：中华书局，1957：9289.
② 顾祖禹. 读史方舆纪要：卷一二·北直三［M］. 北京：中华书局，2005：530.
③ 谷更有. 唐代的村坊制与行政村的设立［M］//谷更有，等. 唐宋时期的乡村控制与基层社会. 天
津：天津古籍出版社，2013：18.
④ 谷更有. 中国古代乡村社会的权力体系论略［J］. 中国史研究动态，2021（2）：23-27.
⑤ 马旭辉. 唐末五代幽州刘仁恭政权及其与契丹关系研究［D］. 保定：河北大学，2008：19.
⑥ 胡坤. 符氏家族与宋初政治［M］//姜锡东，李华瑞. 宋史研究论丛（第6辑）. 保定：河北大学出
版社，2005：6.

"逢贼幸不死，更索衣囊邪？"李守贞曰："两日人马渴甚，今得水饮之，皆足重，难以追寇，不若全军而还。"①

白团卫村在阳城南，"契丹散卒至阳城东南水上"，可见辽军的撤退路线是向东，晋军的追击路线也是继续向东，但最终采取的军事策略是适可而止。白团卫村一线已到水上区域，应是滱水（唐河）的主要支流。白团卫村应是蒲阴陉的南限，从阳城向南基本已是山前平原区域，蒲阴陉作为一条南北通道，结合阳城（淀）及对其延伸的分析，其南限可确定在此一线。

三、蒲阴陉沿线所涉区域之汉代新处县地望考补

蒲阴陉沿线以及周边区域，汉代至北朝时期的遗存数量众多，很多学者针对相关区域的遗存有过调查，但限于调查计划以及前期研究成果，部分遗存的情况仅限于有限的材料记载②。不同的材料由于记录方式以及来源的差异，记载相互矛盾或语焉不详，鉴于此，有必要对相关的遗存做补充考订。新处县为汉代的置县③，北朝时期依旧存在，但从沿革的角度已发生变化，相关材料的记载简略，在此有必要进行订补。

关于新处县的记载集中于《读史方舆纪要》《畿辅通志》《明一统志》，三则材料记载分别如下：

> 新处城在州东北。汉县，属中山国。光武初封陈俊为侯邑，后废。又县有乐阳城。魏收《志》卢奴县南有乐阳城，即汉常山郡之乐阳县。又唐城在州东北十五里，亦曰尧城。相传尧尝都此。④
>
> 新处侯嘉，中山靖王子，武帝时封坐酎金免，今定州东北有新处

---

① 司马光. 资治通鉴：卷二八四 "开运二年二月戊午" 条 [M]. 北京：中华书局，1957：9290.

② 关于地名情况，仅以保定区域的地名为例，可参见：魏隽如. 保定市县域名的历史地理与文化特征研究 [J]. 保定师范专科学校学报，2001（1）：99-102. 魏隽如，汤倩. 高阳地名与文化 [J]. 保定学院学报，2010（2）：127-133.

③ 参照《中国历史地图集（秦·西汉·东汉时期）》的绘图，西汉时期部分绘有新处县，东汉时期则没有. 参照绘图的时间点，西汉时期为后期平帝、成帝时期的时间点，东汉时期则是顺帝永和五年（140年）的时间点.

④ 顾祖禹. 读史方舆纪要：卷一四·北直五 [M]. 北京：中华书局，2005：618.

城。①

新处城，在定州，汉置县，属中山国。光武封陈俊为新处侯即此。②

三则材料对比，《读史方舆纪要》的记载明显要详细。三则材料的记载有共同点，即汉代的新处县最初是由封爵产生，封爵的层次为"侯"；在明清时期，新处县的遗址还存在。相较于其他两则地方志材料，《读史方舆纪要》的记载增加了汉代的新处县是否发展为乐阳县以及尧城等相关问题。关于尧城的问题带有传说色彩，顾祖禹也未回避。先看新处县的情况，既然为汉代的县，需要以汉代的材料记载做比对：

中山国，高帝郡，景帝三年为国。莽曰常山，……县十四……新市，新处，毋极，陆成，安险。③

西汉时期中山国下辖十四县，其中有新处县，王莽时期大规模地改地名，但中山国十四县中有四个县没有改名，新处县即其中之一。《畿辅通志》认为中山国靖王之子受封在此，其他两则材料均认为与东汉时期所封的新处侯有关。《后汉书》在行政区划上的记载是：

高祖置。雒阳北一千四百里。十三城……卢奴、北平、毋极、新市、望都、唐、安国、安熹、汉昌、蠡吾、上曲阳、蒲阴、广昌。④

《后汉书·郡国志》的记载中东汉时期的中山国，已无新处县的建制，十三个县的情况，李贤等人均有注解，十三个县均不是新设县。再看《魏书》的记载：

中山郡（汉高帝置，景帝三年改为国，后改。）　领县七……卢奴（州、郡治。二汉属。……有焉卿城、乐阳城）。⑤

从《魏书》的记载来看，《读史方舆纪要》的部分记载是摘录自《魏书》

① 唐执玉. 畿辅通志：卷五八·封爵［M］. 台北：台湾景印文渊阁四库全书，1976：7.
② 李贤. 明一统志：卷三·真定府［M］. 台北：台湾景印文渊阁四库全书，1976：23.
③ 班固. 汉书：卷二八之下·地理志第八下［M］. 北京：中华书局，1983：1064.
④ 范晔. 后汉书：志第二〇·郡国二［M］. 北京：中华书局，1983：3434-3435.
⑤ 魏收. 魏书：卷一〇六上·地形二上［M］. 北京：中华书局，2018：2461-2462.

的，但明显不一致的是《读史方舆纪要》提出了"即汉常山郡之乐阳县"，《魏书》没有记载这方面的内容。对照《汉书》内容，西汉时期的中山国在新莽时期改名为"常山"，可以理解为中山国在西汉末期为常山郡，但新处县在新莽时期并未出现改名，这一点显然存在矛盾。关于汉代常山郡的情况，可以参见汉代的相关材料：

> 常山郡，高帝置。莽曰井关……县十八：元氏、石邑、桑中、灵寿、蒲吾、上曲阳、九门、井陉、房子、中丘、封斯，侯国。关，平棘、鄗、乐阳，侯国。莽曰畅苗。平台，侯国。莽曰顺台……南行唐。①

关于西汉常山郡的情况，材料中说明了两点，一是常山郡在新莽时期名称也有改变，二是常山郡下有侯国名为"乐阳"，但在新莽时期也发生了名称的改变（两汉的县级行政区划中重名现象并不罕见②，但侯国与建制县重名，并不多见）。侯国与行政建制中的县并不一样：

> 汉兴，以其郡太大，稍复开置，又立诸侯王国。武帝开广三边。故自高祖增二十六，文、景各六，武帝二十八，昭帝一，讫于孝平，凡郡国一百三，县邑千三百一十四，道三十二，侯国二百四十一。③

可见侯国是汉代初期两次不成功的分封制的产物，侯国自武帝之后，逐渐走向了衰落④，"列侯大者至三四万户，小国自倍，富厚如之……忘其先祖之艰难，多陷法禁……孝武后元之年，靡有孑遗，耗矣。罔亦少密焉"⑤，对照新处县的情况，《畿辅通志》封爵篇中记载的新处侯刘嘉为中山靖王之子，"新处"的名称即由此而来。关于中山靖王，可参见《通典》的相关记载：

> 汉兴，设爵二等，曰王，曰侯。皇子而封为王者，其实古诸侯也，故谓之诸侯王。王子封为侯者，谓之诸侯。……武帝改汉内史、中尉、郎中令之名……而王国如故，员职皆不得自置。又令诸王得推恩封子弟为列

---

① ③ 班固. 汉书：卷二八之上·地理志第八上 [M]. 北京：中华书局，1983：1590.

② 牛政威. 两汉重名县级行政区划研究 [D]. 包头：内蒙古科技大学包头师范学院，2022：38.

④ 傅举有. 汉代的侯国制度及其演变 [M] // 程存洁. 广州文博. 北京：文物出版社，2008.

⑤ 班固. 汉书：卷一六·高惠高后文功臣表第四 [M]. 北京：中华书局，1983：527.

侯……又令诸侯十月献酎金，不如法者，国除。①

结合西汉前期的实际情况以及武帝时期推恩令的实施情况，刘嘉作为靖王之子，显然是被推恩的对象，因此，新处侯是推恩政策后产生的，按此时间点，新处县出现的时间不早于推恩令实施的时期。关于靖王诸子所封王子侯国的情况，已有的研究成果统计的数量为二十个②，但关于刘嘉所封的新处侯国则没有被统计在内。新处侯显然同前期的诸侯有明显区别，尤其在实际控制区域上，新处城显然是其仅有的"地盘"。再看东汉初期陈俊受封新处侯的情况：

> （陈俊）少为郡吏。更始立，以宗室刘嘉为太常将军，俊为长史。光武徇河北，嘉遣书荐俊，光武以为安集掾。……及即位，封俊为列侯。……更封新处侯。新处，县名，属中山国。③

陈俊受封新处侯系军功所致，显然符合两汉时期的相关仪制："章帝启马太后曰：'汉典，舅氏之封侯，犹皇子之为王。其功臣四姓为朝侯、侍祠侯，皆在卿校下。'"④ 从时间上来看，在东汉初期政局不稳定之时，新处侯国还是存在的，在当时人的认知中，亦是新处县，但结合推恩令的相关规定，即便新处侯国相当于新处县，其所辖地域亦是很有限的，同正常设置的建制县有明显的区别。关于时间下限，相关材料并没有明确，但可以参考《后汉书·郡国志》的一则记载：

> 世祖中兴，惟官多役烦，乃命并合，省郡、国十，县、邑、道、侯国四百余所。⑤
>
> 应劭《汉官》曰："世祖中兴，海内人民可得而数，裁十二三。"⑥

由于两汉之际农民战争的影响，东汉人口数量有明显的减少⑦，河北地区

① 杜佑. 通典：卷三一·职官一三 王侯总序 [M]. 北京：中华书局，2010：138.

② 秦铁柱. 中山靖王诸子侯国 [J]. 赤峰学院学报（哲学社会科学版），2012（12）：15-18.

③ 范晔. 后汉书：志第一八·陈俊传 [M]. 北京：中华书局，1983：689.

④ 同①138；关于仪制问题，可参见：付志杰，李俊芳. 汉代大朝会相关问题研究 [J]. 商丘师范学院学报，2014（7）：43-46.

⑤⑥ 范晔. 后汉书：志第二三·郡国五 [M]. 北京：中华书局，1983：3533.

⑦ 陶文牛. 东汉人口增长和减少的演变：《续汉书·郡国志》户口资料研究之一 [J]. 山西大学学报（哲学社会科学版），1993（1）：80-85.

本身是战争的核心区域，新处县作为侯国县，人口相对较少，区划相对狭小，加之战争破坏，被省并亦是必然。

关于这一部分内容，在此可做一总结，蒲阴陉在两汉时期形成后（以蒲阴县存在的时间作为参照，东汉至北朝这一时期为主，下延至北宋初），蒲阴县（汉代）即是蒲阴陉的核心，主要范围包括汉代的北平县、汉代的蒲阴县、北魏蒲城（满城故城）、阳城淀（白团卫村）、阳安关等；这条路线系南北方向，南北做比较，南下通道的重要性更为突出，不论是后燕与北魏的南下还是契丹的南下，这条通道均发挥了重要的作用。

第四章　蒲阴陉与五回岭（道）、徐河上游的关联问题

第三章论述了蒲阴陉的形成时间、构成以及所涉区域问题，作为一条南北通道，其南限系阳城（淀）、白团卫村一线，以汉代的蒲阴县为中心，其北限也是实际存在的。"太行八陉"作为八条古道的总称，从文献记载上出自东晋南朝时期的文献，在此之前八条古道已经实际存在，只是在名称上或许有所不同而已。但不论何种称谓，基本的走向及范围不会有明显变化。八条古道可以说贯穿了太行山南北，但其本身之间没有必然的联系，严耕望在《唐代交通图考（河东河北区）》中对于蒲阴陉的论述是论述飞狐陉时附带的，但这两条古道不论涉及的行政区还是具体的山脉、河流，均没有直接的关系。已有的研究成果（虽然没有直接的成果，间接成果有所提及）认为蒲阴陉的定位系连接飞狐陉，仅这一点来说，不论是从行政区来看还是从自然地形来看，均没有依据①（"蒲阴陉的历史唐宋以前见于记载的不多，自金元定都北京以后，蒲阴陉作为京都的西门户，其位置至为重要"②，这一说法显然在时空上与蒲阴

---

① 《走不完的太行山之太行八陉（蒲阴陉）》一文发布于新媒体"长治山河户外公众号"，其中有描述："蒲阴陉，古人把它列为太行八径的第七径. 从易县西通涞源、山西灵丘，从灵丘往北就一路直抵大同了，已然便是蒙古高原的边缘. 所以，这条通道在古时就是一条现成的进军路线，北方高原的骑兵，南下大同，经此可直逼河北内地……这条古道实际上也就是拒马河上游的河谷. 这里已经相当靠近北京了，历史上这里发生的战事，大都是直接为了争占北京"，这一说法在时间上已与蒲阴陉产生了错位，在地域上显然也没有交集.

② 王尚义，牛俊杰，任世芳. 论晋商商贸活动的地理区域划分及扩展机制［C］//陕西师范大学西北历史环境与经济社会发展研究中心. 历史环境与文明演进：2004年历史地理国际学术研讨会论文集. 北京：商务印书馆，2004：64.

陉并不吻合）。关于古道的命名①，具体情况不一而足，具体到这八条古道，显然也各有区别。蒲阴陉的命名明显以蒲阴县（汉代）作为依据，蒲阴县（汉代）即是蒲阴陉的核心。

在《唐代交通图考（河东河北区）》中有论："由（五回）岭循徐水源头（今雷溪，即大栅河上源）东南行约九十里至满城（今县近处），蒲阴故城在县南三十里之谱。此即古蒲阴道。"② 这一观点认为，从徐河源头至东南方向的满城旧址至汉代的蒲阴县，尤其突出了满城旧址至汉代蒲阴县之间的三十里山路但未做进一步的解释。严氏完整的论述系《太行飞狐诸陉道》一篇③，可以说中心系围绕飞狐陉展开，但从著者前文的论述以及相关佐证材料来看，蒲阴陉与飞狐陉并无直接联系，即便对照《中国历史地图》及《中国自然地理图集》，不论在行政区上还是自然地形上，二者之间均无直接的关联。严氏的附论蒲阴陉部分，引用材料及具体的事例，多出自唐宋时期，对于典型的如刘秀与几支农民军的追击战的地点，后燕与北魏之间围绕阳城的争夺，以及晋辽战争相关的材料，则没有注意。就一条重要的交通路线来说，蒲阴陉不仅仅只是三十里，其范围也并非在汉代蒲阴县以北，其更大的作用是在汉代蒲阴县以南区域体现的，本部分即对与此有关的几个问题做出探讨。

一、《水经注疏》引论"满城始自北魏蒲城"说辨析

民国杨守敬、熊会贞二人所著《水经注疏》对于今保定市满城区的始建年代，来自清代赵一清的观点。赵氏在《水经注释》中引用《北史》所论，认为满城始自北魏蒲城。通过对引文内容进行分析及与相关地方志书、史料进行对照，著者认为赵氏的观点有其可取之处，满城始自北魏蒲城之说可以成立，《新唐书》《太平寰宇记》等记载满城始于唐天宝年间的说法有误，应予

---

① 古道的命名多见的是以具体的内容作为命名依据，涉及具体行政区域，在处理上多是以省域行政区直接命名，可参见如崔翔《太行山区晋豫古道沿线节点聚落空间形态研究》. 还有一类常见命名系以具体的事物载体作为命名依据，例如和陶瓷有关的古道，可参见崔明奕《作为传统手工艺载体的古村落保护——以三卿口古瓷村为例》. 还有一类的命名系以具体的历史事件命名，例如与和亲有关的唐蕃古道，可参见崔永红主编《文成公主与唐蕃古道》，青海人民出版社，2021 年出版. 例如与宗族迁徙有关的孔道，集中于孔氏宗族特殊时期的南迁，可参见秦婧茹《南宋临安商人商业经营研究》.

②③ 严耕望. 唐代交通图考（河东河北区）［M］. 上海：上海古籍出版社，2007：1087.

以纠正。这一问题涉及蒲阴陉的北限问题以及与五回岭（道）的关系问题。

《水经注疏》为民国时期著名学者杨守敬与其门人熊会贞历时数十年所完成的，针对《水经注》所做的校注，《水经注疏》吸取历代《水经注》的研究成果，博采群籍，相互参证，对前人之失多有指正，著者在整理相关材料的过程中对于《水经注疏》多有参考。注文中针对今保定市满城区的一则史料引起了著者注意，这则史料同时涉及地名出处以及县域建制沿革。目前，关于河北区域以及保定市地域的地名文化，相关的研究成果多集中于整体性研究①；具体到市域②、县域③的研究成果，则多集中于对若干个案进行研究；关于保定区域辖县建制沿革的研究成果，多系通论性质④。鉴于此，著者即以这则史料为中心，就相关问题展开论述。《水经注》在滱水（今唐河）部分针对今保定市满城区有注文如下：

> 顺水盖徐水之别名也。徐水又东，迳蒲城北，又东迳清苑城，又东南与沈水合。⑤

关于画线部分"蒲城"，郦道元没有做解释，但可以肯定的是，郦氏做注时，蒲城已经存在。《水经注疏》中对于"蒲城"有详细注解，该则注解不仅仅是文字上的勘误，还涉及多则其他史料：

> 赵云：按"蒲城"，今直隶之满城县也。"蒲"、"满"字本易淆。《保定府志》及《满城县志》，皆不能识其受氏之故。或以为秦邑，又以为张苍封北平侯，子孙满邑，因名。皆燕说也。《新唐书·地理志》、《寰宇记》并云："唐天宝元年，始立是邑"，不知元魏时已有"蒲城"之号。善长生于拓跋朝，其言非谬。《元和志》"蒲城"县本汉北平县地，后魏于此置永乐县，天宝元年改为满城，以县北故满城为名。夫曰故蒲城，则非自唐始矣。"蒲城"之称，唯《元和志》及《旧唐书》同于郦《注》，其他纪载，莫不从"满城"之讹。章怀《后汉书注》云：前书音义曰：

---

① 崔金星. 河北地名文化 [M]. 石家庄：河北教育出版社，2017：18.

② 魏隽如. 保定市县域名的历史地理与文化特征研究 [J]. 保定师范专科学校学报，2001（1）：99-102.

③ 黄宁宁. 河北山水地名和政区地名用字探析 [D]. 重庆：四川外国语大学，2016：29.

④ 崔恒升. 中国古今地理通名汇释 [M]. 合肥：黄山书社，2003：6.

⑤ 郦道元. 水经注校：卷一一·滱水 [M]. 王国维，校. 上海：上海人民出版社，1984：404.

蒲阳山，蒲水所出，在今定州北平县西。又云，《东观汉记》作"蒲"，本多作"满"字者，误也。《北史·魏陈留王虔传》，兄颙，从平中山，以功赐爵蒲城侯。会贞按：城在今满城县东北十里。①

"守敬按""会贞按"在《水经注疏》的注文中多次出现，用来注明观点来自二人中的哪一位，没有注明的，则是二者有一致意见或二者通力完成的，注文中多次出现。关于这则注文，文中直言"赵云"即赵一清。赵氏继承家学，熟悉经史，擅长考证，其父赵昱、季父赵信为藏书家。赵一清在学术上的最大贡献在于《水经注》的再注，代表作为《水经注释》四十卷、《水经注刊误》十二卷，《四库全书总目提要》对其注释有评价："虽其中不免影附夸多，然旁引博证，颇为淹贯。订疑辨伪，是正良多。"② 全祖望于《水经注释》所作序言提及：

> 余爱之重之，忘其固陋，而为之释，释之云者，所以存朱氏之是，兼弼郦亭之违也。录取片长便成佳证，助之张目，足为快心。若夫笺有缪盭，则削而投之，所遗漏则补之，别为刊误。③

赵著针对前人所作进行刊误，全祖望对此给予肯定，序言中提到的"存朱氏之是"即指明代朱谋㙔所著《水经注笺》，赵著以朱氏笺注作为刊误的主要对象。赵著注文，先后提到了多部书籍，可以分为四类：一类为地方志书，如《保定府志》《满城县志》；第二类为正史，如《旧唐书》《新唐书》《北史》；第三类为地理志书，如《元和郡县图志》《太平寰宇记》；第四类则是《水经注》。赵一清的论述内容围绕两个问题展开，第一个问题为地名，即"满城"是否为"蒲城"，第二个问题为今保定满城区的始建时间为北魏还是唐代。《水经注》中仅是提到蒲城，但未展开分析，赵氏的勘误围绕地名展开，杨、熊二人则未对赵氏的观点进行评价，下文即对赵氏的论述进行分析。

《水经注疏》中的注文出自赵一清所著，赵著的长处为勘误，赵一清原文在《水经注释》中亦有，比对如下：

---

① 谢承仁. 杨守敬集（第三册上）·水经注疏：卷一一·滱水 [M]. 武汉：湖北人民出版社，1997：808.
② 金毓黻. 文溯阁四库全书总目提要 [M]. 北京：中华书局，2014：64.
③ 赵一清. 水经注释：卷一 [M]. 台北：新文丰出版公司，1982：4.

一清按：蒲城今直隶之满城县也。蒲、满字本易淆。《保定府志》及《满城县志》，皆不能识其受氏之故。或以为秦邑，又以为张苍封北平侯，子孙满邑，因名。皆燕说也。《新唐书·地理志》、《太平寰宇记》并云，唐天宝元年，始立是邑，不知元魏时已有蒲城之号。善长生于拓跋朝，其言非谬。《元和志》云，蒲城县本汉北平县地，<u>后魏于此置永乐县，天宝元年改为蒲城，以县北故蒲城为名</u>。夫曰故蒲城，则非自唐始矣。蒲城之称惟《元和志》及《旧唐书》同于郦《注》，其他纪载，莫不从满城之讹。<u>千年大惑，谁复祛之？</u>章怀《后汉书》注云，前书音义曰，蒲阳山，蒲水所出，在今定州北平县西。又云，北平县属中山国，今易州永乐县也。又云，《东观汉记》作蒲，本多作满字者，误也。《北史·魏陈留王虔传》，兄颎，从平中山，以功赐爵蒲城侯。观此益信，予言之有徵矣。①

《水经注释》与《水经注疏》进行对照，内容上杨、熊二人基本是照搬赵一清原文，但仔细对比，细微处亦有差异，画线部分即是不同点。几处不同点，除了"蒲""满"二字的差异，赵一清对于此问题的判断性表述，杨、熊二人没有放入注文，如"千年大惑，谁复祛之""观此益信，予言之有徵矣"等。结合《水经注释》的原文，对于赵氏的观点可做归纳：其一，满城县名称的来源与西汉初张苍封北平侯无关，地方志书的观点有误；其二，满城县的名称出现的时间并非《新唐书·地理志》《太平寰宇记》记载的唐天宝年间；其三，《水经注》虽未针对蒲城进行展开，但郦道元系北魏当朝人，籍贯河北，对于此处地名的认识应无误；其四，《元和郡县图志》《旧唐书·地理志》的认识与《水经注》相一致；最后，《北史》的记载可以印证自己的观点。赵氏治《水经》长处为勘误，全祖望对其所做序文对此给予肯定，赵氏刊误的对象主要为明代朱谋㙔《水经注笺》，杨守敬对于赵氏的勘误是认可的，轰动一时的"赵、戴（震）公案"②，杨氏显然支持赵一清，《水经注疏》有记载："赵氏校订字句，一一胪列原书，此非取诸他人无容拟议……赵氏之袭戴者甚

---

① 赵一清. 水经注释：卷一一［M］. 台北：新文丰出版公司，1982：30.
② 胡涛. 杨守敬题跋中的书学观念研究［D］. 泉州：泉州师范学院，2020. 关于戴震部分，可参见：祁龙威，华强. 戴震［M］. 扬州：江苏古籍出版社，1984. 崔幸. 试论侯外庐对乾嘉汉学研究的贡献［M］//瞿林东. 史学理论与史学史学刊：第27卷. 北京：社会科学文献出版社，2022：163-178.

少。"① 关于满城县的建制沿革，先看地理志书的记载：

> 满城县……汉北平县地，属中山国。后魏主诩正光末析置永乐县，又侨置乐浪郡治焉……唐仍为永乐县。天宝初，改为满城县……金复析置满城县，属保州。②

> 满城故城，在县北眺山下，旧县治此……金大定二十八年，改置县于塔院村，在今县西二里。明废为柴厂，寻移今治。《志》云：县西北五里鱼条山下有乐城，即后魏永乐县及乐浪郡治。③

结合《读史方舆纪要》的记载，可知清代初期满城县与满城故城是同时存在的，满城县条目下明确说明北魏时期存在析置永乐县一事，但未明言具体时间，析置后又侨置乐浪郡于此；满城故城在顾祖禹看来为旧县治所在，但所谓"旧"系相对于清代的满城县而言，在此之前的县治变动不止一次。先看《旧唐书》的记载：

> 满城汉北平县地，后魏置永乐县，隋不改。天宝元年，改为满城。五回开元二十三年，刺史卢晖奏分易县置城于五回山下，因名之。二十四年，迁于五公城。④

从《旧唐书》的记载来看，满城县作为县级行政区，出现的时间不早于北魏时期，但具体时间没有记载，顾祖禹认为是正光末年北魏孝明帝时期，时间上已是北魏末期，在此之后若再继续侨置郡县，时间上是紧张的。再看《魏书》相关的记载：

> 乐良郡（天平四年置。）领县一，户四十九，口二百三，永乐（兴和二年置）。⑤

比照《魏书》的记载，时间上显然有出入，天平四年为东魏孝静帝时期，兴和二年依旧为东魏孝静帝时期，时间上在天平四年之后。虽然时间上有出

---

① 谢承仁. 杨守敬集（第三册上）·水经注疏：卷首·序言 [M]. 武汉：湖北人民出版社，1997：30.
② 顾祖禹·读史方舆纪要：卷一二·北直三 [M]. 北京：中华书局，2005：511.
③ 同②511-512.
④ 刘昫. 旧唐书：卷三九·地理二 [M]. 北京：中华书局，1983：329.
⑤ 魏收. 魏书：卷一〇六上·地形二上 [M]. 北京：中华书局，2018：2495.

入，但《魏书》也明确说明，乐浪郡、永乐县均系侨置，侨置郡县这一现象在南北朝时期由于特殊的政治措施，各个政权均不同程度出现侨置，永乐县的设置是否为侨置，《魏书》没有进一步解释，但从时间上看，永乐县的出现在侨置乐浪郡之后，这一点与顾祖禹的记载显然有区别。综合北魏与唐代的史料，满城县的前身为北魏时期的永乐县，但永乐县的具体设置时间有争议，若结合北魏末年由于六镇之乱造成的混乱局面（北魏终因没有将六镇的边镇体制同北方农耕区的改制同步展开，被六镇内乱瓦解①，北魏的侨置安置对象即为边镇难民)，具体到某一侨置县的设置时间出现记载错误，这种情况是不能排除的，对此，魏收也有解释：

> 今录武定之世以为《志》焉。州郡创改，随而注之，不知则关。内史及相仍代相沿。魏自明、庄，寇难纷纠，攻伐既广，启土逾众，王公锡社，一地累封，不可备举，故总以为郡。其沦陷诸州户，据永熙绾籍，无者不录焉。②

《魏书地形志》以东魏武定时期的材料为准，混乱在所难免，但不论是《魏书》还是《旧唐书》，对于郦道元注文中提到的"蒲城"均未涉及。再看《新唐书》的记载：

> 易州上谷郡，上。……满城，（中。本永乐，天宝元年更名。有郎山。有永清军，贞元十五年置。)③

对比两部唐书记载的区别，《新唐书》仅在时间上没有明言，从时间的先后顺序来看，唐代的满城县前身为永乐县是没有问题的，但仅提到天宝元年的这一次改名，明显有不足，忽略了其北魏时期的地名，这也是赵一清提出批评的原因。再看《北史·拓跋颙传》的相关记载：

> （拓跋）兄颙，性严重少言。道武常敬之，雅有谋策。从平中山，以功赐爵蒲城侯。特见宠厚，给鼓吹羽仪，礼同岳牧。莅政以威信著称，居官七年，乃以元易干代颙为郡。④

---

① 王曼婷. 北魏孝明帝朝内庭争斗与政局变迁研究 [D]. 哈尔滨：黑龙江省社会科学院，2022：46.

② 魏收. 魏书：卷一〇六上·地形二上 [M]. 北京：中华书局，2018：2455.

③ 欧阳修. 新唐书：卷三九·地理二 [M]. 北京：中华书局，1983：1019.

④ 李延寿. 北史：卷一五·拓跋颙传 [M]. 北京：中华书局，1983：576.

《水经注释》中赵一清引用李贤等人为《后汉书》做注时使用的《前书音义》一书，并结合《东观汉记》一书，认为"满"字应为"蒲"字之误。关于《后汉书》注中引用的《前书音义》，相关的研究成果已有结论，即李贤等人所引用的《前书音义》即是颜师古的《汉书注》一书①，蒲、满二字之误是否直接出自《汉书注》，赵氏则没有明言，《北史·拓跋颙传》的相关记载与赵一清的论述基本一致，拓跋颙由于在与后燕的战争中立有战功，被封爵为蒲城侯，赵氏最终的落脚点即拓跋颙的封爵地蒲城为满城的前身，熊会贞对于赵一清的观点是认可的，并且认为北魏蒲城在今满城县东北十里，显然指满城故城。结合道武的年号，时间是北魏前期，"从平中山，以功赐爵蒲城侯"，从地望上看是吻合的，结合熊会贞的按语，"会贞按：城在今满城县东北十里"，可知赵一清的勘误是合理的，满城县的建制沿革可以追溯到北魏前期。

二、关于蒲阴陉与五回岭（道）的关系考辨——基于不同时期材料的分析

上文论述了满城县始建于北魏时期，这一时期蒲阴陉已经形成并发挥了作用。在上文论述满城县的基础上，本部分以满城旧县为缘起，论述蒲阴陉与五回岭（道）的关系（部分研究成果认为蒲阴陉系五回岭道，这一认识有误，著者在此部分进行回应），材料如下：

> 满城故城，在县北眦山下，旧县治此。……五代晋开运二年，契丹陷泰州，诸军寻攻拔之，进取满城及遂城，因以满城为泰州治。……景德间，县废。②
>
> 眦山，县东北三里。巍然特立，可以眺远，因名。山北有舞马、黄金二洞，容数百人。③

关于满城故城，满城的旧县治长期在此，直到宋初景德年间县治才发生变化。先不论晋辽战争对此的影响，满城故城位于今县东北眦山之下，可以说就

① 陈洁圆.《汉书》未署名音义整理与研究［D］. 贵阳：贵州大学，2019：38.
②③ 顾祖禹. 读史方舆纪要：卷一二·北直三［M］. 北京：中华书局，2005：511–512.

是县东北三里。满城县的建制出现在唐代中期："汉北平县地，属中山国。……天宝初，改为满城县"①。在此结合严氏的第一个观点，关于相关的道路里程如下：

> 满城县，（保定）府西北四十里。西南至完县五十里。②
> 完县，（保定）府西七十里。……东北至满城县五十里。③
> 北平废县，（完）县东二十里。汉县治此。④
> 曲逆城在，（完）县东南二十里。秦置县。⑤

满城旧县址在今满城县东北方向，今顺平县（完县）在满城县东北五十里，汉代的北平县在今顺平县（完县）东二十里，汉代的蒲阴县（曲逆）在今顺平县（完县）东南二十里，可见若以今满城县为中心，满城旧县—汉代北平县—汉代蒲阴县均在今满城县东，系一路向南。这里产生一个问题，满城旧县是否就是蒲阴陉的北限？上文引用的满城故城的材料，提到了开运二年的晋辽之战，这场战争，就蒲阴陉区域而言，二者激战的范围一直延伸到阳城以南的白团卫村，这一区域已是平原，据此，著者在上一部分认为这是蒲阴陉的南限。关于满城旧县一带的战争，相关材料也有记载：

> 开运元年秋，加北面行营招讨使。二年，领大军下新州、满城、遂城。契丹主自古北口回军，追蹑王师，重威等狼狈而旋，至阳城，为契丹所困。会大风狂猛，军情愤激，符彦卿、张彦泽等引军四出，敌众大溃。⑥

这是《旧五代史·杜崇威传》的一则记载，开运二年杜崇威等进攻契丹，涉及的区域包括满城旧县等，尤其需要注意的是，阳城及白团卫一战是在这次进攻契丹之后，从结果看，在满城一线，晋军是落荒而逃。再看另一则材料：

> 契丹侵寇，加之蝗旱，国家有所征发，全节朝受命而夕行，治生余财，必充贡奉。开运元年秋，授邺都留守、检校太师、兼侍中、广晋尹、

---

① ② ③ 顾祖禹. 读史方舆纪要：卷一二·北直三［M］. 北京：中华书局，2005：511.

④ 同①527.

⑤ 同①528.

⑥ 薛居正. 旧五代史·卷一〇九（汉书）·杜崇威传［M］. 北京：中华书局，1986：1436-1437.

幽州道行营马步军都虞候，寻加天雄军北面行营副招讨使，阳城之战，甚有力焉。①

《旧五代史·马全节传》也可以说明阳城之战系杜崇威等溃败的延续，晋军于阳城一带的胜利，除了天气等因素之外，契丹的追击也是主要因素。关于这一点，《资治通鉴》有记载：

> 庚戌，诸军攻契丹，泰州刺史晋廷谦举州降。甲寅，取满城，获契丹酋长没剌及其兵二千人。乙卯，取遂城。赵延寿部曲有降者言："契丹主还至虎北口，闻晋取泰州，复拥众南向，约八万馀骑，计来夕当至，宜速为备。"……丙辰，退保泰州。戊午，契丹至泰州。己未，晋军南行，契丹踵之。晋军至阳城，庚申，契丹大至。晋军与战。②
>
> 按五代会要，是年九月，徙泰州治满城。是时泰州犹治清苑。宋白曰：满城本汉北平县，后魏置永乐县，天宝元年，改满城县。③

以上两则材料分别是司马光记载的战役过程和胡三省的注解，胡注的依据是《五代会要》，注解内容仅是针对满城地名的来历。司马光的记载可以说明几个问题：第一点，晋军能够短暂占领满城一带，系守军主动投降，并非军事占领。第二点，受降者的所言耐人寻味，契丹的骑兵可以在一天之内往来满城一线，显然不符合实际情况。关于这一点，胡三省也在注解中提出疑问："太原汾水之北，亦有地名虎北口。时契丹兵自祈、易北去，非其路也，此乃幽、檀以北之古北口。宋人使辽行记云：自檀州北行八十里，又八十里至虎北口馆。则檀州之古北口亦名虎北口也。"④关于受降者所言的虎北口，胡氏等认为系古北口，根据系北宋时期部分宋人的《使辽行纪》，这一内容与本文主题无直接关系，在此无须展开，但胡氏等人的观点与实际情况不符，关于虎北口究竟在哪，在此不便多论，但有一点是肯定的，若虎北口确是古北口的误写，按宋人的《使辽行纪》记载的里数，契丹军队绝无可能在一日内到达满城一带（古北口至今满城县一带，直线距离在 350 公里左右，即便在今天京津冀一体

① 薛居正. 旧五代史：卷九〇（晋书）·马全节传［M］. 北京：中华书局，1986：1179-1180.
②③④ 司马光. 资治通鉴：卷二八四"开运二年二月乙巳"条［M］. 北京：中华书局，1957：9288.

化背景下的路网建设中，也不具备一日之内到达的条件①）。第三点，杜崇威等轻易相信部曲②之言，显然不合常理，尤其系赵延寿部曲，赵延寿③其人本身在晋辽战争中被辽军所俘后投降辽军，其家族亦是幽云地区的大地主，关于辽军的追击路线以及晋军的撤退路线，从司马光记载的过程来看，二者是同一条路线。这就产生了一个问题，即便辽军系从古北口火速南下追击晋军，有多条路线可以选择，完全没有必要紧跟晋军的路线，但为何会出现这一反常？著者认为，赵延寿部曲部分所言属实，契丹军队确实掌握了晋军占据满城的情况，但此时的辽军在哪里，部曲所言则有问题，但可以肯定的是，辽军此时离满城并不远，若虎北口是古北口一线，杜崇威等当不至于仓皇南撤；另外选择紧跟晋军的路线对于辽军来说应是最优的一条路线，不论在时间上还是地形选择上，晋辽双方均选择满城旧县—汉代北平县—汉代蒲阴县—阳城一线，说明满城旧县明显系蒲阴陉的北部节点。

关于五回岭，在《唐代交通图考（河东河北区）》中，严氏将蒲阴陉直接称为五回岭道④，在此需对五回岭做出解释（严氏在著中有两点论述："唐道由五回岭至满城之九十里道中，当经五回故县治，开元二十三年置相近有岭院……岭院为其一道"⑤；"唐代中叶，易、定、蔚州间有白石岭，其南路驿道险峻，太和二年移驿道于易州之西紫荆岭路。白石岭当在今白石山左近，白石岭驿道亦即五回岭驿道耳"⑥。此两点论述均集中在五回岭至满城的九十里是否为蒲阴陉的北限，这一点可商榷；第二点认为白石山驿道若为五回岭道，显然与蒲阴陉在地形以及行政区划上已无直接关联，严氏对于蒲阴陉的定位即是"飞狐陉东南五回岭道——蒲阴陉道"⑦，不能排除蒲阴陉具有驿道、驿运⑧的功能，但不论具体运输功能如何，显然与飞狐陉没有直接的关联）。相关材料

---

① 崔俊辉，崔建军. 河北省地级市域次中心城市发展探讨 [C] //城市发展与区域环境演变：中国地理学会 2013 年（华北地区）学术年会论文集. 天津，2013：41.

② 关于辽代部曲问题，可参见：漆侠. 契丹斡鲁朵（宫分）制经济分析：辽社会经济结构研究之一 [J]. 河北大学学报（哲学社会科学版），1989（4）：1-8. 高申东. 契丹夷离堇考述 [M] //邓广铭，漆侠，等. 宋史研究论文集（一九八七年年会编刊）. 石家庄：河北教育出版社，1989：14.

③ 崔振岚. 关于辽朝的社会性质及其封建化进程问题研究综述 [J]. 昭乌达蒙族师专学报（汉文哲学社会科学版），1990（2）：18-22.

④⑤⑥⑦ 严耕望. 唐代交通图考（河东河北区）[M]. 上海：上海古籍出版社，2007：1087.

⑧ 驿运是传统的与驿道、邮驿结合在一起的运输方式，目前关于驿运的研究多集中于近、现代时期，成果如谢放的《清代四川农村商品经济的发展与经济结构的变迁》《农村商品经济的发展与经济结构的变动》《抗战时期四川小农经济与社会变迁》.

对五回岭有解释：

> 五回山，（易）州西南百二十里，亦曰五回岭。其相接者，曰狼牙峪，又为五回道。《水经注》："代郡广昌县东南有大岭，世谓之广昌岭，高四十余里。二十里中，委折五回，方得达其上。其南层崖刺天，积石之处，壁立直上，有五回道，下望层山，如蚁垤然。"唐武后圣历初，突厥默啜入寇赵、定诸州，自五回道引去。开元中置五回县，盖以山名。宋嘉定六年，蒙古大败金兵于五回，遂拔涿、易二州。①

从顾祖禹的记载来看，五回岭的名称来源以及五回岭的位置基本清楚，五回岭在易州的西南一百二十里处，从距离来看，显然和满城旧县一代方向不一致，"满城县，（保定）府西北四十里"②"易州，（保定）府西北百二十里"③，结合材料画线部分，易州在满城北八十里左右，五回岭则是在这八十里之中，即易州南部满城北部偏西一线，这一方向若对照满城旧县的区位，则是相反方向，满城旧县系在满城县东北方向。关于得名及出现时间，顾氏结合《水经注》的记载，五回岭在北魏后期已存在，但从方位上，郦道元强调的则是"代郡广昌县东南"，这一方向显然更偏北据蒲阴方向，尤其郦氏认为五回岭系广昌岭的一部分，从顾氏引用的《水经注》材料来看，显然五回岭系由南向北的方向。关于广昌，相关材料有记载：

> 广昌县，（蔚）州南百五十里。东北至北直隶易州百七十里，东南至直隶唐县百四十里。……汉置广昌县，属代郡。……晋属代郡，后废。后周于五龙城复置广昌县。④

可见广昌县（今河北涞源县）在行政区划上与易州、满城县是有明显区别的，已经跨省域，不仅是在顾氏所论的明清之际，汉代置广昌县开始就已如此，在郡县两级区划时期亦是如此。再看两则与五回山有关的材料：

> 五公城，在（满城）县西。《河北记》："汉王谭之子兴，不从王莽之乱，与五子避难于此。光武封其五子为列侯，因名。"唐开元中，易州刺

---

① 顾祖禹. 读史方舆纪要：卷一二·北直三 [M]. 北京：中华书局，2005：542.

② 同①511.

③ 同①539.

④ 顾祖禹. 读史方舆纪要：卷四四·山西六 [M]. 北京：中华书局，2005：2048.

史田琬以五回旧县东迁于五公城，即此城也。一名五大夫城。①

五回城，（易）州西南百里。唐开元二十三年，州刺史卢晖奏分易县置城于五回山下，谓之五回县。明年，又迁于五公城，复析故地。②

上文所论及的与蒲阴（陉）有关的事件，汉代与北朝时期是集中的时间段，但五回山的材料中涉及的事件就时段而言要滞后，开元年间县址变动的五回县最终迁于五公城，五公城的渊源可以追溯至两汉之际。在魏燕战争中，蒲阴陉一线的争夺异常激烈，对阳城一带的控制甚至决定了战争的进程，五回岭一带也有争夺，从战役的角度来说二者是否有联系？如《唐代交通图考（河东河北区）》中所说的"唐道由五回岭至满城之九十里道"是否与满城旧县—汉代北平县—汉代蒲阴县—阳城一线有关联，满城与满城故城在方位上是相反的向，严氏在所论中没有明确满城是否是指满城故城，但顾祖禹是有明确所指的。《资治通鉴》中的几则材料对此有所解释：

癸未，突厥默啜尽杀所掠赵、定等州男女万余人，自五回道去。③
水经注：代郡广昌县东南有大岭，世谓之广昌岭。岭高四十余里，二十里中委折五回，方得达其上岭，故岭有五回之名。时属易州易县界，至开元二十三年，分易县置五回县于五回山下。④

两则材料分别出自司马光的记载与胡三省的注解，从司马光的记载可以看出，五回道系北上通道，和南下通道没有关系，胡三省的注基本也是摘录自《水经注》，对照上文顾祖禹对五回岭的解释，胡、顾二人的解释依据几乎一字不差。胡注在《水经注》的基础上，增加了唐代政区的内容，特别提到了五回道在突厥默啜抄掠时属于易州易县界，关于唐突的关系，相关研究成果⑤众多，在此不再赘述。关于易州易县界说，则需结合地理志资料：

易州中隋上谷郡。武德四年，讨平窦建德，改为易州，领易、涞水、

---

① 顾祖禹. 读史方舆纪要：卷一二·北直三［M］. 北京：中华书局，2005：512.
② 同①541.
③④ 司马光. 资治通鉴：卷二〇六"圣历元年九月癸未"条［M］. 北京：中华书局，1957：6535.
⑤ 关于唐突关系，可参见：曹永年. 古代北方民族史丛考［M］. 上海：上海古籍出版社，2012. 关于突厥南下问题，可参见：胡铁球. 扩张与萎缩：我国古代北方游牧民族农业生产的特点（上）［J］. 宁夏大学学报（人文社会科学版），2004（4）：8-13. 胡铁球. 扩张与萎缩：我国古代北方游牧民族农业生产的特点（下）［J］. 宁夏大学学报（人文社会科学版），2005（4）：32-36.

永乐、遂城、乃五县。……乾元元年，复为易州。旧领县五……天宝领县八……易汉故安县，属涿郡。隋为易县……满城汉北平县地，后魏置永乐县，隋不改。天宝元年，改为满城。五回开元二十三年，刺史卢晖奏分易县置城于五回山下，因名之。二十四年，迁于五公城。①

易县、满城县、五回县在唐代均为易州下辖县，但设置时间有所不同，在默啜抄掠时仅有易县一县，满城县、五回县均还未设置。胡三省做注时，对于唐代的背景材料是能够掌握的，胡氏的史学素养是值得肯定的②，在其看来五回道区位不论满城县、五回县是否设置，在默啜抄掠时均是在易县县界，地理志的材料清楚说明满城县的设置与易县无关，这一时期的满城县即顾祖禹所说的满城故城，由此可见，五回道在唐代与蒲阴陉并没有关联。再看这则材料：

> （八年秋七月）帝进至怀来，及金行省完颜纲、元帅高琪战，败之，追至北口。金兵保居庸。诏可忒、薄刹守之，遂趋涿鹿。金西京留守忽沙虎遁去。帝出紫荆关，败金师于五回岭，拔涿、易二州。③

> 至大元年，改正奉大夫、保定路总管。时皇太后欲幸五台，言者请开保定西五回岭，以取捷径。④

以上这则材料分别出自《元史·太祖本纪》与《元史·吴鼎传》，从第一则材料看，五回岭一线在蒙金战争中，已处于京西、京北防线的一部分，怀来—涿鹿—紫荆关—五回岭系一条线，这条战线中，五回岭已是最南端，显然与蒲阴陉的路线没有交集（材料中提到了紫荆关一线，严耕望在书中并未引用这则材料，但严将紫荆关—五回岭一线与蒲阴陉混淆，后期的一些研究成果明显受到了严著的影响，实际上不论从地名还是从具体的事件上看，蒲阴陉均系由北向南通道，时空上以汉代的蒲阴县、北平县为中心）。第二则材料针对的则是五台山进香道（亦是北岳进香道的一部分⑤），五回岭显然是由西向东的路径上的一个点，五台山一线显然已与飞狐、蔚州一线有关联，方向上依旧是由

---

① 刘昫. 旧唐书：卷三九·河北道四［M］. 北京：中华书局，1975：1512-1513.

② 曾贻芬，崔文印. 中国历史文献学史述要［M］. 北京：商务印书馆，2010. 宫云维，戴颖琳. 文澜阁《四库全书》研究之回顾与反思［M］. 北京：社会科学文献出版社，2017：190-200.

③ 宋濂. 元史：卷一·太祖列传［M］. 北京：中华书局，1976：16.

④ 宋濂. 元史：卷五七·吴鼎传［M］. 北京：中华书局，1976：4004.

⑤ 杨倩描. 关于重建古北岳庙的建议［M］//曹保刚. 智库的建言2016. 石家庄：河北人民出版社，2016：64.

北向南。通过对相关行政区划以及具体事件的分析，可知五回岭（道）与蒲阴陉从陆上交通的角度看，二者是没有交集的，蒲阴陉的北限即唐代的满城县也就是后期的满城故城。不论顾祖禹还是胡三省，均以《水经注》的记载作为依据，确定二者在陆上交通上没有关联，若从水的角度，相关材料需要重视：

> 徐河，在（广昌，今涞源）县东南。《水经注》："徐水出代郡广昌县东南大岭下，东北流径郎山，入北平县界"，即今北直保定府徐河上源也。①

可见广昌县（今涞源县）系徐河的源头，关键点是徐河经广昌县东南流到北平县界，这之后的流经地这则材料没有多论，但仅从这点可以看出，从沿线河流的流经情况看，河流连接五回岭（道）与蒲阴陉，这一点下文会有详述。除了徐河之外，《读史方舆纪要》的山西部分资料（由于不同时期行政区划的差别，不同地域的材料可以互证，地方文化研究中相关例证不少，例如赵简子祠的相关材料②），对于蒲阴陉有记载，在此须做补辨。材料如下：

> 紫荆关，（广昌）县东北百里，东北至北直隶易州八十里。古名蒲阴陉，为控扼要地。详见北直重险。……《志》云："广昌逼近紫荆、倒马，重冈叠嶂，巍然百雉，为两关之枢要是也"。③

这则材料中，顾祖禹直接认定蒲阴陉为紫荆关的古名，但未做任何解释。从地名的角度来看，蒲阴陉应得名蒲阴县（城），紫荆关显然与蒲阴在名称上不对应。关于具体的地望，紫荆关位于广昌县（今涞源县）东北方向，显然与蒲阴陉是相反方向，五回道与蒲阴陉之间还有徐河或可作为连接，紫荆关的地望显然不具备连接条件（紫荆关是具体的一处关隘，蒲阴陉则是一条道路，二者有本质区别）。再看这则材料：

---

①③ 顾祖禹. 读史方舆纪要：卷四四·山西六［M］. 北京：中华书局，2005：2049.

② 战国时期赵文化遗存主要涉及山西、河北两个区域，相关材料可以互证，可参见：张润泽，董寅生. 山西和顺有座赵简子城：赵氏遗迹山西行之四［M］// 李廷芝，谢占杰，王丽娜. 石勒故里在和顺. 太原：山西人民出版社，2015. 孙继民，张润泽：秦赵阏与之战实地考［C］// 秦俑博物馆开馆三十周年国际学术研讨会暨秦俑学第七届年会会议论文集. 西安：三秦出版社，2016：466-476.

紫荆关，在保定府易州西八十里，山西广昌县东北百里。路通宣府、大同，山谷崎岖，易于控扼。自昔为戍守处，即太行蒲阴陉也。《地记》："太行八陉，第七陉为蒲阴。"……《水经注》谓之子庄关。易水与子庄溪水合，北出子庄关是也。宋人谓之金坡关。《志》云："以山多紫荆树，因改今名"。崖壁峭矗，状如列屏，为易州之巨防。①

这则材料出自《读史方舆纪要》的河北部分，但顾祖禹在这则材料中认为紫荆关属于山西蔚州，关于紫荆关的名称，显然在蒲阴陉存在的时期还不存在。紫荆关名称的出现是在宋代以后。这则材料显然是顾氏用不同的材料拼凑而成，材料中也未对紫荆关缘何为蒲阴陉做出解释（顾氏关于紫荆关的解释，引用的战例基本系明蒙战争②时期的，就时空而言已与蒲阴陉完全没有交集，部分研究成果对蒲阴陉或蒲阴的错误认识，不排除系受顾氏所论影响）。万斯同等人③对此也有记载：

（建文）二年春正月丙寅，克蔚州。二月癸丑，至大同。景隆果由紫荆关来援。王已旋军居庸，景隆兵多冻馁死者，不见敌而还。④

靖难之役时，紫荆关明显已与大同、居庸关、蔚州形成了完整的战线。通过上文的论述，关于蒲阴陉的北限，根据目前已经掌握的材料来看，可以确信的是满城故城即唐代的满城县，虽然在宋代之后相关地名发生了变化，但由满城故城向南至阳城淀一带的这条路线依旧发挥了军事方面的作用。蒲阴陉的北限满城故城一代与五回岭（道）没有关系。

---

① 顾祖禹. 读史方舆纪要：卷十·北直一 [M]. 北京：中华书局，2005：433.

② 关于明蒙战争问题，可参见：曹永年. 翁万达削籍考：兼论庚戌城下之盟与明世宗的心态 [C] // 赵毅，秦海滢. 第十二届明史国际学术研讨会论文集. 大连：辽宁师范大学出版社，2009. 肖瑞玲，曹永年，赵之恒，等. 明清内蒙古西部地区开发与土地沙化 [M]. 北京：中华书局，2006：16.

③ 宫云维，陶首江.《书传会选》跋考释 [M] // 传统中国研究集刊（第19辑）. 上海：上海社会科学出版社，2018：64.

④ 张廷玉. 明史：卷五·成祖纪一 [M]. 北京：中华书局，2005：71.

三、关于徐河流经地的几个问题——围绕蒲阴陉北限的探讨

《读史方舆纪要》山西部分资料关于徐河的记载上文已有列举，有一个问题值得关注，即徐河自广昌县（今涞源县）发源后，流经北平县，而蒲阴陉由北向南穿过北平县。关于五回道（岭）与蒲阴陉是否连接的问题，单纯地看陆上交通，二者没有关联，但若结合徐河的流经情况，二者是有区别的（已有学者从流域学的角度提出相关的概念，"地名的形成、发展、变迁与流域的自然与人文环境变迁密切相关"①）。除了山西部分之外，在北直隶部分，《读史方舆纪要》也有若干记载，虽然琐碎，但蒲阴陉涉及的县级行政区，均有所介绍：

> 徐河，（满城）县北十里。自易州流经县界，下流入清苑县。②
> 徐水，（安肃，今徐水县）县南四十里。与清苑县分界，上有徐桥。《志》云："县南二十五里有曹水，西北出曹河泽，东南流经北新城南，入于徐水。"③
> 徐河，（保定）府北十五里。出易州西五回岭，经满城县北，名大册河。出郎山下，东南流至府北名徐河。④

这三则材料从内容上看，与上文所引山西部分那则材料有对应性，尤其看第三则材料，"经满城县北，名大册河"，满城故城的位置就是今满城县北方向。第三则材料还提到了"出郎山下"，关于郎山的具体位置，北直隶部分的资料对此有说明：

> 朗山，（保定）府西北五十里。一名狼山。《水经注》："徐水屈东北

---

① 王尚义，李玉轩，马义娟. 从历史流域研究审视历史地理学的时代使命［C］//地理学核心问题与主线：中国地理学会 2011 年学术年会暨中国科学院新疆生态与地理研究所建所五十年论文集. 乌鲁木齐，2011.

② 顾祖禹. 读史方舆纪要：卷一二·北直三［M］. 北京：中华书局，2005：512.

③ 同②515.

④ 同②510.

径郎山，又屈径其山南。山岭竞举，若竖鸟翅，立石嶃岩，亦同剑
杪。……其东北为燕王仙台，相传燕昭王求仙处。……"宋置狼山寨于山
上。金末亦置寨于此。①

郎山的具体位置系保定府西北五十里，徐河大册河段则是在保定府北十五
里，大册河的流向结合两则材料看，基本符合。顾祖禹对《水经注》的引用
本身不完整，解释亦有可商榷之处，尤其是后期针对《水经注》的再注。关
于徐河，虽然只是滱水（唐河）的支流，但从上文引用材料看，流域情况复
杂，《水经注》及再注，对此均有完整解释，下文以表格形式列出：

表 4-1　《水经注》与《水经注疏》相关记载对照（4）

《水经注》	《水经注疏》
博水又东北，徐水注之。水西出广昌县东南大岭下，世谓之广昌岭。岭高四十馀里，二十里中，委折五回，方得达其上岭，故岭有五回之名②	《隋志》："易县有五回岭。"《元和志》：岭在满城县西北五十里，高四十许里。四州西南接满城县界。《寰宇记》：五回山在废五回县西九十里。在今易州西南接满城县界③ 赵云，《寰宇记》，满城县下，引《水经注》云，五回山南七里，有斗鸡台，传云燕太子丹斗鸡於此。今本无之，全补④
徐水屈东北迳郎山⑤	《隋志》：永乐有郎山。《新唐志》，满城有郎山。《寰宇记》，山在易县西南四十里。在今易州西南，接清苑县界⑥
徐水又迳北平县县界⑦	守敬按：两汉、魏、晋县属中山国，后魏属北平郡。《地形志》："北平"有"北平城"。城在今满城县北⑧

---

① 顾祖禹. 读史方舆纪要：卷一二·北直三［M］. 北京：中华书局，2005：509-510.

② 郦道元. 水经注校：卷一一·滱水［M］. 王国维，校. 上海：上海人民出版社，1984：402.

③④ 谢承仁. 杨守敬集（第三册上）·水经注疏：卷一一·滱水［M］. 武汉：湖北人民出版社，1997：806.

⑤⑦ 同②403.

⑥⑧ 同③807.

表4-1(续)

《水经注》	《水经注疏》
其水又东流，汉光武追铜马五幡于北平，破之顺水北……顺水盖徐水之别名也。徐水又东，迳蒲成北①	赵云：按"蒲城"，今直隶之满城县也。"蒲"、"满"字本易淆。《保定府志》及《满城县志》，皆不能识其受氏之故。或以为秦邑，又以为张苍封北平侯，子孙满邑，因名。皆燕说也。《新唐书·地理志》、《寰宇记》并云，"唐天宝元年，始立是邑"，不知元魏时已有"蒲城"之号。善长生于拓跋朝，其言非谬。《元和志》"蒲城"县本汉北平县地，后魏于此置永乐县，天宝元年改为满城，以县北故满城为名。夫曰故蒲城，则非自唐始矣。"蒲城"之称，唯《元和志》及《旧唐书》同于郦《注》，其他纪载，莫不从"满城"之讹。章怀《后汉书注》云：《前书音义》曰，蒲阳山，蒲水所出，在今定州北平县西。又云，《东观汉记》作"蒲"，本多作"满"字者，误也。《北史·魏陈留王虔传》，兄觊，从平中山，以功赐爵蒲城侯。会贞按：城在今满城县东北十里②

《水经注》及《水经注疏》两书中关于徐河的内容不只表格列举部分，列举徐河流经地问题部分仅系相关部分。表格中的四则材料分别涉及五回岭（道）、郎山、北平县、满城县，争议集中于最后一则材料，即满城县的地名来源。关于五回岭（道）、郎山，杨守敬、熊会贞二人的注疏引用的材料为地理志材料，分别来自《隋书》《元和郡县图志》，二人基本赞同郦道元的注解，仅是做了一些补充。关于第三则材料提到的"北平县县界"，杨、熊二人显然有不同的解释，杨守敬提出，依据《魏书·地形志》，北魏时期的北平郡下辖北平城，北平城即在今满城县县北，郦氏所论"北平县县界"应是指北平城一带，关于这一点，可见《魏书》的记载：

北平郡（孝昌中分中山置，治北平城。）领县三……北平（二汉、晋

① 郦道元著. 水经注校：卷一一·滱水［M］. 王国维，校. 上海：上海人民出版社，1984：404.
② 谢承仁. 杨守敬集（第三册上）·水经注疏：卷一一·滱水［M］. 武汉：湖北人民出版社，1997：808.

属中山。有北平城、木门城。）①

北平郡下有两座北平城，结合《魏书·地形志》，杨守敬所论的北平城显然是后一座即北平郡北平县下的北平城。若徐河流经的北平县县界系北平县下的北平城，徐河显然与蒲阴陉有直接的关联。最后一则材料内容集中于满城的地名渊源，这一则的注疏，杨、熊二人多引用他人的著述，首先便是赵一清的《水经注释》，赵氏的观点即满城应为蒲城，蒲、满二字本身易混。此外，赵氏认为两唐书以及《太平寰宇记》中，天宝年间始有满城一说有误，在此之前的北魏时期的蒲城即是天宝年间的满城前身，即满城故城实为北魏蒲城。在此之后，赵氏引用李贤等人为《后汉书》做注所引用的《前书音义》一书，并结合《东观汉记》一书，认为"满"字应为"蒲"字之误。关于《后汉书》注及所引用的《前书音义》，相关的研究成果已有评价，李贤等人所引用的《前书音义》即颜师古的《汉书注》一书②，"蒲""满"二字之误是否直接出自《汉书注》，赵氏则没有明言。赵氏最后引用了一则《北史》的材料：

> （拓跋）兄颙，性严重少言。道武常敬之，雅有谋策。从平中山，以功赐爵蒲城侯。特见宠厚，给鼓吹羽仪，礼同岳牧。莅政以威信著称，居官七年，乃以元易干代颙为郡。③

《北史·拓跋颙传》的相关记载与赵一清的论述基本一致，拓跋颙由于在与后燕的战争中立有战功，被封爵为蒲城侯，赵氏最终的落脚点即拓跋颙的封爵地蒲城为满城的前身，熊会贞对于赵一清的观点是认可的，并且认为北魏蒲城即在今满城县东北十里，显然指满城故城。对照上文《读史方舆纪要》的记载"满城故城，在县北眺山下"④"眺山，县东北三里"⑤，虽然具体的里程有所出入，但基本方位是一致的，满城故城长期是县治所在地，有其固定规模⑥（关于筑城规模，现有的材料分布不均，筑城城址方面北方地区的考古材料相对缺少），若以眺山为中心，该城的不同方位在里程上是有差异的。关于

---

① 魏收. 魏书：卷一〇六上·地形二上 [M]. 北京：中华书局，2018：2463-2464.

② 陈洁圆.《汉书》未署名音义整理与研究 [D]. 贵阳：贵州大学，2019.

③ 李延寿. 北史：卷一五·拓跋颙传 [M]. 北京：中华书局，1983：576.

④ 顾祖禹. 读史方舆纪要：卷一二·北直三 [M]. 北京：中华书局，2005：511.

⑤ 同④512.

⑥ 王茂华. 古代长沙筑城考 [M] //姜锡东. 漆侠与历史学：纪念漆侠先生逝世十周年文集. 保定：河北大学出版社，2012：364.

赵一清、熊会贞二人的观点，并非没有可商榷之处，但限于论述主题在此不进行展开。和本书主题相关的问题即徐河流经地与蒲阴陉北限显然有直接的关联，虽然不能说徐河系蒲阴陉的组成，但徐河流经北平县县界，该县界应是北魏时期拓跋颢的这座封城，这座城是否就是满城故城虽还可商榷，但显然是蒲阴陉的路线上的。

综上所述，蒲阴陉于汉代形成后，在北朝时期，尤其魏燕战争，以及后燕政权建立过程中，属于典型的南北通道，在军事及交通方面起到了重要作用，所涉区域围绕汉代的蒲阴县与北平县展开。结合对满城县名称的来源以及始建时间的分析，部分研究成果提到的五回岭及五回道，著者认为与蒲阴陉无关，不论在具体的方位上还是路线上；徐河及其流经地虽与蒲阴陉，尤其是满城故城有关，但不能说徐河及其上游就是蒲阴陉的构成。以上这两点需要厘清，虽然北朝以后地名情况有变化，但蒲阴陉的构成以及走向已经形成，并没有发生变化。同时，在五代至北宋初期，这条通道的重要性虽已发生变化，但不论是后晋还是北宋，均利用这条通道的地理优势，在局部的军事战略防御上取得了优势。

第五章 入宋以后蒲阴故道的军事功能分析——基于宋初时期

太行八陉的概念出现于东晋南朝时期（郭缘生《述征记》的表述），区域的交通格局随着时代变化也逐渐发生变化，从著者前期梳理资料来看，唐代尤其中期以后，太行八陉的概念几乎不见于文献记载，从交通史的研究成果来看，这是因为华北平原的交通路线逐渐形成，太行山的山前路线逐渐失去原有的交通功能。就蒲阴陉而言，构成其主体的汉代蒲阴县、北平县等在名称上几经变化，其作为路线的相关功能也随之发生变化，这在上一章关于五代晋辽战争的若干问题中已有提及。这条通道的重要性虽已发生变化，但不论是后晋还是北宋（阳城支线），均利用这条通道的地理优势，在局部的军事战略防御上取得了优势。从该道路途经的几个城镇的名称变化到路线走向，甚至北宋初期蒲阴县的重建，都可以说和这条通道不无关系，本部分即围绕宋初蒲阴故道的几个问题做出探讨。

一、宋初蒲阴故道军事功能探析——基于《宋史·崔彦进传》的分析

蒲阴陉故道在宋辽战争时期发挥了军事作用，在战局形势整体不利的情况下，满城战役中，北宋守军围绕蒲阴故道进行攻防，针对辽军不熟悉地形的劣势，对其形成合围。下面以宋军主将之一崔彦进的传记资料为主，结合其他史料对这场战争涉及的关键地点的地名问题进行对比分析。宋军伏击辽军的地点位于一处长城旧址，该旧址是易水沿线黑卢堤的一部分。这场战役获胜离不开前线将领的指挥，但更重要的原因还是宋军一方对于蒲阴故道沿边地形的熟悉。

宋辽战争前后长达二十五年，先后经历了三个阶段——宋太宗亲征阶段、

雍熙北伐阶段、宋真宗初期阶段。这三个阶段中，由于战略以及军事指挥上的一系列问题，北宋一方整体上胜少败多，关于个中缘由，已有很多研究成果从不同的角度予以分析，如漆侠的系列文章对于高梁河之战①、雍熙北伐②中北宋一方的失败原因做出了系统分析，丁建军等的文章对于三个阶段的部分局部战役③以及战争对交战区域的影响④等问题做出了分析。本书涉及的满城之战是北宋一方为数不多的获胜之战，已有的研究成果（如对于徐河之战的分析等⑤、对于高梁河溃败后三场战役的整体分析等⑥）对此有所提及但均不是专论。鉴于此，著者从蒲阴陉故道的军事功能（故道之意为太行八陉本为太行山由南向北依次的八条古道，至唐宋时期由于太行山沿线交通格局的变化，八条古道基本不再见于史料记载，关于蒲阴故道，涉及宋代部分，关于北宋定州的研究成果⑦有所提及）以及崔彦进的传记资料（关于北宋初期的武将，相关成果限于论述主题⑧没有直接涉及崔彦进）入手，对这场战役的相关问题进行分析。

蒲阴陉得名应在两汉时期，作为一条太行山东麓边缘的南北通道，其军事功能突出。五代时期后晋与契丹的几场追击战，后晋取得战场优势的战役均与军队熟悉蒲阴陉沿线区域的地形有关（蒲阴陉在这一时期已成为故道，太行八陉作用突出的时期为汉唐时期，至宋辽时期，由于政治、经济中心的转移，八条通道的功能已发生转变）⑨，崔彦进为宋初名将，后周至北宋初年的统一战争他多有参与，战功卓著，其传记资料有评价：

---

① 漆侠. 宋太宗第一次伐辽：高梁河之战—宋辽战争研究之一［J］. 河北大学学报（哲学社会科学版），1991（3）：1-9.
② 漆侠. 宋太宗雍熙北伐：宋辽战争研究之二［J］. 河北学刊，1992（2）：79-87.
③ 丁建军，赵寅达. 宋太宗朝军功虚报现象钩沉：以土磴寨、唐河、徐河三次战斗为考察中心［J］. 河北学刊，2016（4）：61-65.
④ 丁建军，原朝. 欧阳修奉使河东考论［J］. 河北大学学报（哲学社会科学版），2016（3）：8-15.
⑤ 顾宏义，郑明. 宋辽徐河之战及其影响［M］//任仲书. 辽金史论集（第十二集）. 长春：吉林大学出版社，2012：6.
⑥ 王晓波. 高梁河战役后的宋辽三战［M］//王晓波. 宋辽战争论考. 成都：四川大学出版社，2011：64.
⑦ 相关的研究成果可参见：郭东旭、王轶英《北宋河北沿边的寨铺建设述略》，米玲，王彦岭《北宋定州军事特质农业发展管窥》；陈星、张世祎、薛志清《北宋定州军事地位探析》.
⑧ 相关的研究成果可参见：杨倩描、徐立群《北宋前期冀州籍武将述论》；王轶英、史改侠、李娜《宋辽战争中武将的便宜行事权》.
⑨ 崔玉谦. 蒲阴陉名称源流若干问题考论［C］//"生态、社会与文明：华北区域历史文化"学术研讨会会议论文集. 保定，2022：336-367.

> 崔彦进，大名人。纯质有胆略，善骑射。……彦进频立战功，然好聚
> 财货，所至无善政。①

崔彦进是典型的宋初武将，其传记资料集中于《宋史·崔彦进传》，传文字数不多，主要内容集中于其前后征战过程。满城之战前后的情况，传文中有集中描述：

> （太平兴国）四年正月，遣将征太原，分命攻城，以彦进与郓州防御使尹勋攻其东，彰德军节度李汉琼、冀州刺史牛思进攻其南，桂州观察使曹翰、翰林使杜彦圭攻其西，彰信军节度刘遇、光州刺史史珪攻其北。彦进督战甚急，太宗嘉之。晋阳平，从征幽州，又与内供奉官江守钧率兵攻城之西北。及班师，诏彦进与西上阁门副使薛继兴、阁门祗候李守斌领兵屯关南，以功加检校太尉。<u>是秋，契丹侵遂城，彦进与刘廷翰、崔翰等击破之，斩首万级。</u>②

画线部分为对满城之战的直接描述，内容简单。但结合前文内容可以发现，太平兴国四年正月至秋季，宋军有几次大规模军事行动，崔彦进均有参与，尤其是晋阳之战与高梁河战役。晋阳之战中，崔彦进督率士兵与北汉军交战，非常迅速地击败北汉军，因此得到宋太宗的称赞。北汉问题③亦是宋辽冲突的主要问题，至太宗时已得到基本解决，在此之后太宗第一次亲征伐辽，但高梁河一战惨败而归，对于此战，传文中的记载是简单带过，"及班师"，撤军的过程中，太宗做了部署，"（崔）彦进与西上阁门副使薛继兴、阁门祗候李守斌领兵屯关南"，这一部署的目的清楚，即准备应对辽军的南下追击，此后，崔彦进以战功加检校太尉，关于此官职，"武官的检校官明显高于文官……由于检校官明显高于正官从而产生了'过呼'官衔的现象。宋人过呼官衔的表现形式多种多样，如将一般的高级武官过称为'太尉'"④，崔彦进的检校太尉虽属于加官，但无过呼之嫌。从四月至秋季，宋军已是连续作战，屯兵关南的军队亦是高梁河一线回撤军队，在此背景之下，满城之战的前景不容

---

①② 脱脱. 宋史：卷二五九·崔彦进传［M］. 北京：中华书局，2010：9010.

③ 王轶英. 北宋澶渊之盟前的河北军事防御区域［J］. 河北大学学报（哲学社会科学版），2012（1）：25-29.

④ 杨倩描. 宋代检校官的源流及其嬗变［M］//姜锡东. 宋史研究论丛（第十二辑）. 保定：河北大学出版社，2011：18.

乐观，双方的兵力对比，《宋史》有对照记载：

> 辽人扰边，命延进与崔翰、李继隆将兵八万御之，……三战，大破之，获人马、牛羊、铠甲数十万。①

宋军的迎战兵力是八万左右，且为高梁河一线的回撤军队，辽军则是乘胜之师，且兵力达到十万余人②。关于满城之战的结果，已有研究成果对其进行评价，"满城战役给提供了一个非常生动的事例。在战法上，宋军将帅既有刘廷翰、崔翰诸军在徐河一线正面阻击，又有崔彦进之迂回辽军后路，有正有奇，正奇结合，指挥是灵活的"③，北宋一方在军事上不占优势的前提下能够胜出，采用了正确的战法是主要原因，而迂回辽军后路一说的前提是对交战区域地形的熟悉。崔彦进传文对于满城之战记载简略，但其他史料对此有更多记载，可作对照：

> （太平兴国四年九月丙午）契丹大入侵，镇州都铃辖、云州观察使浚仪刘延翰帅众御之，先阵于徐河。崔彦进潜师出黑卢堤北，缘长城口，衔枚蹑敌后，李汉琼及崔翰亦领兵继至。④
>
> （太平兴国四年九月丙午）先是，上以阵图授诸将，俾分为八阵。大军次满城，敌骑坌至。⑤
>
> （太平兴国四年九月丙午）三战，大破之，敌众崩溃，悉走西山，投坑谷中，死者不可胜计。追奔至遂城，斩首万余级，获马千余匹，生擒酋长三人。⑥

辽军的首战目标是徐河一线，宋军的正面主力布防于此，辽军此战目标为满城，宋军正面主力与辽军于徐河交战之时，崔彦进率军潜至辽军后方，军事上的目标很明确，即断辽军的后退之路，潜入地点在长城口一线。两军交战于徐河，宋军应是防御得当，战线延续至满城一带，在此处，由于前线将领的果断决策，辽军逐渐抵挡不住，开始北撤。然而，满城向北至遂城一线，崔彦进

---

① 脱脱. 宋史：卷二七一·赵延进传 [M]. 北京：中华书局，2010：9300.

② 王晓波. 高梁河战役后的宋辽三战 [M] // 王晓波. 宋辽战争论考. 成都：四川大学出版社，2011：16.

③ 漆侠. 宋太宗第一次伐辽：高梁河之战—宋辽战争研究之一 [J]. 河北大学学报（哲学社会科学版），1991（3）：1-9.

④⑤⑥ 李焘. 续资治通鉴长编：卷二〇 "太平兴国四年九月丙午" 条 [M]. 北京：中华书局，2004：448.

恰好伏兵在此处，辽军陷入了包围，最后溃败。传文中没有直接提及满城的原因是伏兵地点不在满城，而是在长城口一线。结合传文对于满城之战经过的描写，尤其是与崔彦进直接相关的断后这一部分所作的分析，辽军的回撤路线基本清晰：满城—黑卢堤—长城口—遂城，这条路线恰好与蒲阴陉有交集，虽然这一时期蒲阴陉已不是主要的南北通道，但在双方交战期间，作为一条故道，其军事功能还是体现了出来。下文即结合几处地名对此做简要分析。

关于蒲阴陉的走向，著者有分析，"中古时期（以蒲阴县存在的时间作为参照，东汉至北朝这一时期为主，下延至北宋初）的蒲阴陉主要范围包括汉代的北平县、汉代的蒲阴县、北魏蒲城（满城故城）、阳城淀（白团卫村）、阳安关等，这条路线系南北方向，南北做比较，南下通道的重要性更为突出"①，这条通道中北魏蒲城（满城故城）显然是中间的关键点，满城之战的交战地点是否为北魏蒲城（满城故城），相关史料并未交代。关于满城县与满城故城，《读史方舆纪要》分别有记载：

> 满城县……天宝初，改为满城县。五代晋徙泰州治此。周广顺二年，泰州废，县属易州，寻又废入清苑县。金复析置满城县，属保州。②
>
> 满城故城……五代晋开运二年，契丹陷泰州，诸军寻攻拔之，进取满城及遂城，因以满城为泰州治。宋咸平四年，契丹入寇，自遂城进至满城而还。景德间，县废。③

结合太平兴国四年的时间点，满城之战中的"满城"应指满城故城。满城故城一带在此之前亦发生了多次与辽军的战役。关于崔彦进的屯兵处——黑卢堤与长城口，相关史料也有记载：

> 长城在（安肃）县东北。俗以为秦将蒙恬所筑，误也。盖战国时，燕赵分界处。今有长城口。石晋开运三年，李守贞奏：大军至望都县，相次至长城……败之。即此长城。④
>
> 长城旧址，亦谓之黑卢堤。宋太平兴国四年，契丹入寇，刘延翰御之

---

① 崔玉谦. 蒲阴陉名称源流若干问题考论［C］//"生态、社会与文明：华北区域历史文化"学术研讨会会议论文集. 保定，2022：336-367.

② 顾祖禹. 读史方舆纪要：卷一二·北直三［M］. 北京：中华书局，2005：511.

③ 同②511-512.

④ 同②514.

于徐河，别将崔彦师潜军出黑卢堤，北缘长城口，衔枚蹑敌后，亦即此处矣。①

北宋满城县至遂城一线，关于长城记载有两则。（针对北宋时期）两处长城遗迹距离不远，方向也一致，均是满城东北方向。第一处遗址与此次战役关系不大，关键在于第二处遗址，从名称上看，不论是崔彦进传文还是直接记述战役过程的史料，都认为黑卢堤、长城口是两处不同的地点，尤其是《续资治通鉴长编》太平兴国四年九月的材料，"出黑卢堤北，缘长城口"，此处长城口位于黑卢堤以北。但《读史方舆纪要》的记载显然不同，在顾祖禹看来，首先在名称上，这一处长城旧址可以称为黑卢堤，其次关于"出黑卢堤北，缘长城口"的中间点即是伏击辽军之处。著者认为顾氏的第二点认识很有见地。综合顾氏的认识，对于崔彦进的伏兵地点可以总结为，此处长城旧址为伏兵地点，是黑卢堤的一部分，或可理解为黑卢堤亦是利用古长城旧址所建设，除了防止局部水患，亦是利用堤防本身具有的军事防御功能（在战争中利用堤防设施并不罕见，尤其在宋辽战争时期②）。关于黑卢堤，相关史料没有直接的记载，但可以看出，在此次战役之前，该堤防已经存在。周边水流情况，相关史料有记载：

> 易水，在（安肃）县北。自定兴县流入境，又东入容城县界，即白沟河也。③
> 《水经注》："易水东流，届径长城西，又东南流，过武遂县南新城县北，俗谓是水为武遂津。"④

可见易水东流的方位在长城遗址周边，利用长城遗址进行水利工程建设，至迟北魏时期已有，黑卢堤应是易水段的堤防，易水段亦有津渡，津渡显然也不是单纯的民用设施，战时也可发挥军事功能。既然有水流客观存在，满城至易州一线显然是辽军的回撤路线，回撤路线系沿易水向北，《水经注疏》中也有介绍：

> （易）水又东流，届迳长城西，（守敬按：《一统志》，长城为战国时

---

① 顾祖禹. 读史方舆纪要：卷一二·北直三 [M]. 北京：中华书局，2005：514.
② 韩瑞常，段光达，崔广彬. 东北亚史与阿尔泰学论文集 [M]. 哈尔滨：黑龙江教育出版社，1996.
③④ 同①515.

燕、赵分界处，在今安肃县西北二十五里，地犹名长城口，东接故新安县西北之三台城，绵延断续，势如冈阜。）又东流，南迳武遂县南，（赵、戴改遂作隧，下同。守敬按：此武遂不见《地形志》，《志》但云，新昌县，永熙二年置。《元和志》《寰宇记》亦言，北魏永熙二年置新昌县。隋改为遂城，不言先有武遂县。然《隋志》，遂城旧曰武遂，所谓旧者，指北魏也，可为此《注》武遂县之切证。①

从满城北撤易州，并不是仅有沿易水而行这条路线，但辽军的选择确是这一条线，在此可对照后晋与辽军的交战战例：

> 开运元年秋，加北面行营招讨使。二年，领大军下新州、满城、遂城。契丹主自古北口回军，追蹑王师，重威等狼狈而旋。②

这是《旧五代史·杜崇威传》的一则记载，开运二年杜崇威等进攻契丹，涉及的区域即包括宋代的满城县等区域，可见，满城至遂城一线明显是辽军的既定路线（满城一线回撤至幽州，距离上具有优势③，沿线属于山前平原区域，有利于军队机动）。五代时期与辽军作战的将领，相当部分入宋后仍领兵，对于辽军的这条路线并不陌生，崔彦进也不例外："汉乾祐中，隶周祖帐下。广顺初，补卫士。"④《辽史》对于这条路线也有记载：

> （韩）匡嗣与南府宰相沙、惕隐休哥侵宋，军于满城。……匡嗣不听。俄而宋军鼓噪薄我，众蹂践，尘起涨天。匡嗣仓卒谕诸将，无当其锋。众既奔，遇伏兵扼要路，匡嗣弃旗鼓遁，其众走易州山。⑤

辽军指挥官韩匡嗣显然指挥有误，即便如此，辽军的撤退路线也有多条，但辽军的选择依旧易州一线。从材料记载来看，辽军慌乱溃逃属实，但绝非慌不择路，宋军的埋伏也非偶然，知己知彼，前线将领对于辽军作战方式的熟悉更为重要。综上所述，蒲阴故道在这场战争中发挥了关键作用，对于这条故道，宋军将领更为熟悉，所以成功利用故道沿边的长城旧址伏击了辽军；辽军

---

① 杨守敬，熊会贞. 水经注疏：卷一一·易水 [M]. 南京：江苏凤凰文艺出版社，2014.
② 薛居正. 旧五代史：卷一〇九（汉书）·杜崇威传 [M]. 北京：中华书局，2005：817.
③ 谭其骧. 中国历史地图集（第六册）[M]. 北京：中国地图出版社，2010.
④ 脱脱. 宋史：卷二五九·崔彦进传 [M]. 北京：中华书局，2010：9010.
⑤ 脱脱. 辽史：卷七四·韩匡嗣传 [M]. 北京：中华书局，2010：1356.

的撤退路线虽然距离上是最近的，但辽军对于沿线的情况并不熟悉，在溃逃的情况下中埋伏就在所难免了。

▨ 二、宋辽太平兴国五年雄州之战若干问题考论——基于崔彦进、荆嗣协同作战的分析

在宋辽战争的三个阶段中，由于战略以及军事指挥上的一系列问题，北宋一方整体上胜少败多，关于个中缘由已有很多研究成果从不同的角度予以分析，如漆侠的系列文章对于高梁河之战①、雍熙北伐②中北宋一方的失败原因作了系统分析。关于高梁河亲征与雍熙北伐之间的两军交战的研究成果不多，已有的研究成果多集中于高梁河溃败后的三场战役③以及宋辽关系变化等④。上一节中，结合宋初蒲阴故道的走向问题，著者分析了满城之战宋军的获胜原因。高梁河之战发生于太平兴国四年，由于指挥等原因，宋太宗亲征以惨败结束，但太平兴国五年，太宗欲再次北巡雄州，与此同时，宋辽两军于雄州附近发生遭遇战，此战最终以宋军的胜利结束。关于这次战役，不同的史料记载均简略，但最终结果一致，关于太宗的北巡意图等，相关的材料记载亦不详，鉴于此，本书拟围绕这次雄州之战的相关问题进行分析。

宋太宗欲北巡雄州以及雄州之战的发生，不同的材料有不同的记载，先看《宋史·太宗本纪》的两则记载：

> （太平兴国五年九月）壬戌，畋近郊。冬十月戊寅，大发兵屯关南及镇、定州。己丑，发京师至雄州，民治道。⑤
>
> （太平兴国五年十一月）己酉，帝伐契丹。壬子，发京师。癸丑，次长垣县。关南与契丹战，大破之。以河阳三城节度使崔彦进为关南都部署。⑥

---

① 漆侠. 宋太宗第一次伐辽：高梁河之战—宋辽战争研究之一 [J]. 河北大学学报（哲学社会科学版），1991（3）：1-9.

② 漆侠. 宋太宗雍熙北伐：宋辽战争研究之二 [J]. 河北学刊，1992（2）：79-87.

③ 王晓波. 高梁河战役后的宋辽三战 [M] // 王晓波. 宋辽战争论考. 成都：四川大学出版社，2011：16.

④ 崔士岚.《涑水记闻》中的宋辽关系 [J]. 辽宁工程技术大学学报（社会科学版），2016（2）：133-138.

⑤⑥ 脱脱. 宋史：卷四·太宗一 [M]. 北京：中华书局，2010：65.

对照两则记载，事实基本清楚：太平兴国五年冬十月至十一月，宋太宗欲北巡雄州，在此后发生了"关南与契丹战，大破之"。但细究两则材料，则发现了几处明显的时间不对应之处。第一点，发兵关南以及定州等处，是在北巡之前还是之中？第二点，问题的关键，太宗北巡与伐契丹是否是同一行程？按照《太宗本纪》两则材料时间的先后，太宗欲至雄州，才有伐契丹一事。若太宗到达雄州是在冬十月己丑，十一月间再次"发京师。癸丑，次长垣县"即北巡雄州之后回到开封，再次北上伐契丹，在不到一个月的时间里两次北上显然没有可行性（关于相关行程的时间问题，以澶渊之盟为例，宋真宗由开封至澶州的时间为五天，里程为二百五十里[1]，虽然有真宗怯战的因素导致行军速度缓慢，但结合至雄州的里程，一个月之内北巡雄州然后回到开封再次北上，时间明显是不吻合的），十月、十一月的两则材料还有一个共同点，即没有明言太宗是否最终北巡到达雄州。第三点即崔彦进的屯兵时间，"以河阳三城节度使崔彦进为关南都部署"，崔彦进的传记对此也有相关的记载：

> 及班师，诏彦进与西上阁门副使薛继兴、阁门祗候李守斌领兵屯关南……（太平兴国）五年，车驾北巡，以彦进为关南都部署，败契丹于唐兴口。[2]

结合这则记载可知，高梁河退兵之时崔彦进已屯兵于关南，第二年崔彦进为关南都部署。但在太平兴国四年九月满城之战时，崔彦进所部并不在关南一带，而是在遂城长城旧址一线，长城旧址距离关南（瓦桥、益津、淤口三关以南地区）是有距离的：

> （太平兴国四年九月丙午）契丹大入侵，镇州都钤辖、云州观察使浚仪刘延翰帅众御之，先阵于徐河。崔彦进潜师出黑卢堤北，缘长城口，衔枚蹑敌后，李汉琼及崔翰亦领兵继至。[3]
>
> 长城在（安肃）县东北。俗以为秦将蒙恬所筑，误也。盖战国时，

① 漆侠. 辽国的战略进攻与澶渊之盟的订立：宋辽战争研究之三 [J]. 河北大学学报（哲学社会科学版），1992（3）：1-11.

② 脱脱. 宋史：卷二五九·崔彦进传 [M]. 北京：中华书局，2010：9010.

③ 李焘. 续资治通鉴长编：卷二〇"太平兴国四年九月丙午"条 [M]. 北京：中华书局，2004：426.

燕赵分界处。今有长城口。①

按《太宗本纪》记载的"以河阳三城节度使崔彦进为关南都部署"，时间上应是在满城之战结束之后、太平兴国四年九月丙午之后，从长城口移动至关南区域亦是有时间的（崔彦进所部的调动情况，相关材料有论述，下文再做解释）。关于崔彦进任河阳三城节度使的情况，传记资料有记载，"太平兴国二年，移镇河阳"②，可见《太宗本纪》在太平兴国五年十一月记载崔彦进为关南都部署一事显然与崔彦进传记有冲突，"五年，车驾北巡，以彦进为关南都部署"③，北巡雄州的计划系在十月开始实施，崔彦进任都部署也应是在十月。关于都部署，已有的研究成果有说明，"北宋初期至澶渊之盟以前，都部署的主要性质为中央统兵大员或前线总指挥"④，崔彦进的任职系调任前线总指挥，军事上的意图已明确，关南一线系主战场，只是两个传记均没有提到雄州或唐兴城。按照《太宗本纪》及崔彦进传记的记载，可以明确崔彦进调任一事。

除了相关的传记记载之外，《续资治通鉴长编》对于北巡雄州以及宋辽之战也有记载：

> （太平兴国五年）冬十月戊寅，命莱州刺史杨重进、沂州刺史毛继美率兵屯关南，亳州刺史蔡玉、济州刺史上党陈廷山屯定州，单州刺史卢汉赟屯镇州，备契丹也。（继美、玉，未见。）⑤

> （太平兴国五年）上将巡北边。己丑，诏自京师至雄州，发民除道修顿。⑥

结合这两则记载可知，北巡前太宗已做出了相关的兵力部署准备，但部署的重点并不是关南地区（第一则材料已说明，关南区域仅有杨重进部部署，毛继美、蔡玉所部并没有到位，定州一线则是两路部署到位），而是关南以西的太行山沿线区域即定州一线，这一线明显系蒲阴故道一线，蒲阴故道在走向上

---

① 顾祖禹. 读史方舆纪要：卷一二·北直三 [M]. 北京：中华书局，2005：514.

②③ 脱脱. 宋史：卷二五九·崔彦进传 [M]. 北京：中华书局，2010：9007.

④ 张邦炜，杜桂英. 论北宋前期的都部署问题 [J]. 四川师范大学学报（社会科学版），2005（2）：86-94.

⑤ 李焘. 续资治通鉴长编：卷二一"太平兴国五年冬十月戊寅"条 [M]. 北京：中华书局，2004：479.

⑥ 李焘. 续资治通鉴长编：卷二一"太平兴国五年冬十月己丑"条 [M]. 北京：中华书局，2004：480.

与关南地区存在地理上的联系。再看这两则材料：

> （太平兴国五年十一月）己酉，诏巡北边。壬子，发京师。癸丑，关南言破契丹万余众，斩首三千余级。即以河阳节度使崔彦进为关南兵马都部署。①

> （太平兴国五年十一月）丙辰，次澶州。丁巳，次德清军。戊午，驻跸于大名府。雄州言契丹皆遁去。②

两则十一月的材料对于厘清太宗北巡时间的问题有帮助。十一月太宗正式开始北巡行程，出发的时间是在十一月壬子，出发之后即发生了战役，"关南言破契丹万余众，斩首三千余级"，但《续资治通鉴长编》没有说明崔彦进的都部署到任时间。在此之后，太宗到达大名府时，战役结束，"雄州言契丹皆遁去"，相较于太宗本纪"关南与契丹战，大破之"的记载，《续资治通鉴长编》记载已近翔实。双方的战争发生于十一月，结束于崔彦进到任之后，存在的疑点是崔彦进的到任时间，即"关南言破契丹万余众，斩首三千余级"时其是否到任，崔彦进传记对于相关时间点也没有明言，但其所记载"以彦进为关南都部署，败契丹于唐兴口"应是对应指《续资治通鉴长编》记载的"雄州言契丹皆遁去"。再看这则记载：

> 契丹寇雄州，（实录、本纪皆不载此事，独契丹传十一月书此。）据龙湾堤，龙猛副指挥使荆嗣率兵千人，力战夺路。会中使有至州阅城垒者出郭外，敌进围之。诸军赴援，多被伤，嗣与其众夜相失，三鼓，乃突围走莫州。敌为桥于界河以济，嗣邀击之，杀获甚众。（敌据雄州，他书皆不详，独荆嗣传有此事，今且删修附见，更当考之。）③

《续资治通鉴长编》记载的这则材料没有明确时间，材料中相关的疑点李焘已有说明。但李焘提到了一点，"独契丹传十一月书此"，鉴于此，李焘将这则材料放在了十一月丙寅后，这一时间点太宗的北巡行程还没有开始。从这

---

① 李焘. 续资治通鉴长编：卷二一 "太平兴国五年冬十月己丑" 条 [M]. 北京：中华书局，2004：481.

② 李焘. 续资治通鉴长编：卷二一 "太平兴国五年十一月丙辰" 条 [M]. 北京：中华书局，2004：481.

③ 同②480-481.

则记载看，雄州这次遭遇战系辽军突袭，荆嗣等虽勇猛作战，但最终还是退守莫州一线。荆嗣传记对此也有记载：

> （太平兴国）五年，契丹侵雄州，据龙湾堤。嗣隶袁继忠，继忠令率千兵力战夺路。内侍有至州阅城垒者，出郭外，敌进围之，亟出兵接战，十数合，斩骑卒七百余。嗣军夜相失，在古城庄外，三鼓突敌围，壁于莫州城下，又领百人斧敌望橹，斩五十级。敌为桥界河，将遁，嗣邀击之，杀获甚众。①

结合荆嗣传记，主战场是在龙湾堤，不能排除这处堤防亦是长城旧址。从战争过程来看，宋军的作战明显仓促，荆嗣所部最终突出重围撤退至莫州一线，关于反攻情况，材料记载简略，仅是"嗣邀击之，杀获甚众"。荆嗣传记除了战争过程之外，还提供了一则关键信息——"嗣隶袁继忠，继忠令率千兵力战夺路"，荆嗣系袁继忠下属，这次战役受袁继忠指挥，袁继忠亦是宋初名将，对于这次战役在其传记中也有记载，"以功迁通事舍人，护高阳关屯兵。与崔彦进破契丹长城口，杀获数万众，玺书褒美"②，袁继忠传记虽没有提及荆嗣，但明确了两点，第一点系雄州之战时其在高阳关处屯兵，第二点系战中，其与崔彦进协同破敌。论述至此，对于宋太宗北巡计划与雄州之战的关联可得出如下结论：宋太宗在满城之战胜利后有北巡计划，但具体目的不详，北巡前已做出相关区域的兵力部署以备辽军的袭击，辽一方是否知晓北巡计划北宋的材料没有明确说明，但雄州之战的发生几乎是在北巡时开始。就具体作战而言，第一个阶段宋军作战不力，第二个阶段由于崔彦进所部协同参与，最终迫使辽军北撤雄州，太宗是否最终到达雄州，所有相关材料均未继续记载。

上文已提到辽一方是否知晓北巡计划北宋的材料没有明确说明，辽军一方的材料对此有相关记载：

> （乾亨二年冬十月）辛巳，将南伐，祭旗鼓。癸未，次南京。丁亥，获敌人，射鬼箭。庚寅，次固安，以青牛白马祭天地。己亥，围瓦桥关。十一月庚子朔，宋兵夜袭营，突吕不部节度使萧干及四捷军详稳耶律痕德战却之。壬寅，休哥败宋兵于瓦桥东，守将张师引兵出战，休哥奋击，败

---

① 脱脱. 宋史：卷二七二·荆嗣传 [M]. 北京：中华书局，2010：9311-9312.
② 脱脱. 宋史：卷二五九·袁继忠传 [M]. 北京：中华书局，2010：9005.

之。戊申，宋兵阵于水南，休哥涉水击破之，追至莫州，杀伤甚众。己酉，宋兵复来，击之殆尽。丙辰，班师。乙丑，还次南京。①

从辽景宗本纪的记载看，乾亨二年即太平兴国五年，辽军一方于十月至十一月大举南下，进军的路线直至瓦桥关一线。辽军的行动绝非突然袭击，而是早有计划。满城之战后双方未再发生大规模作战。在辽军的记载中，耶律休哥两次于瓦桥关周边击败宋军，追击至莫州一线，但对于最后的撤军，景宗本纪的记载仅是"己酉，宋兵复来，击之殆尽"。再看耶律休哥与萧干等人的传记：

（乾亨二年）明年，车驾亲征，围瓦桥关。宋兵来救，守将张师突围出。帝亲督战，休哥斩师，余众退走入城。宋阵于水南。……休哥率精骑渡水，击败之，追至莫州。②
自是每征伐必参决军事。加政事令。（乾亨）二年，宋兵围瓦桥，夜袭我营，干及耶律匀骨战却之。③

耶律休哥与萧干二人的传记有相似之处，作战地点均为瓦桥关，宋军退至莫州之前的战况，宋辽两方的记载基本一致，可以说雄州之战的前半段是辽军进攻、宋军受挫防守的阶段。关于宋军的反击以及最终的结果，辽一方基本没有记载，北宋的材料记载也很简单，明确说明结局的只有"与崔彦进破契丹长城口，杀获数万众"④"彦进为关南都部署，败契丹于唐兴口"⑤ 两则。关于崔彦进任关南都部署的时间，著者认为十月应已到任，辽军的南下系景宗亲征，北宋一方会有相关的情报侦察。从路线上分析，辽景宗南下较太宗北巡要便利，不论是路线还是时间选择。太宗欲北巡雄州，而雄州已暂时失守，宋军一方显然要组织反攻，但辽军的意图并不是长期占领雄州，报复宋军满城之战的意图较为明显（满城之战，辽军的目的亦是进行报复），"遂败绩。休哥整兵进击，敌乃却。诏总南面戍兵，为北院大王"⑥，"耶律沙退走，干与耶律休

① 脱脱. 辽史：卷九·景宗下［M］. 北京：中华书局，2016：113.
②⑥ 脱脱. 辽史：卷八三·耶律休哥传［M］. 北京：中华书局，2016：1300.
③ 脱脱. 辽史：卷八四·萧干传［M］. 北京：中华书局，2016：1309.
④ 脱脱. 宋史. 卷二五九·袁继忠传［M］. 北京：中华书局，2010：9005.
⑤ 脱脱. 宋史. 卷二五九·崔彦进传［M］. 北京：中华书局，2010：9007.

哥等并力战败之，上手敕慰劳"①。宋太宗欲北巡系在十月，行程开始是在十一月，雄州之战开始的时间是在十月，太宗具备掌握前线情况的时间，战况吃紧时调任崔彦进任关南都部署是符合实际情况的。满城之战的获胜，崔彦进立有主要战功，这与他对于关南情况的熟悉是分不开的。而宋辽战争时期的雄州，其作为北边门户的重要性②对于北宋一方而言不言而喻。

雄州之战的前半段宋军的防御受挫，后半段的反攻异常重要，太宗的北巡能否最终成行，在此一举。崔彦进与袁继忠传记分别提到了长城口与唐兴口，可以确定的是宋军的反攻点选择在了长城旧址，这一点与满城之战相似。荆嗣传记提到了"嗣邀击之，杀获甚众"③，荆嗣已退至莫州，从"邀"的含义来看显然是需要援军进行协同阻击，袁继忠传记记载的"与崔彦进破契丹长城口，杀获数万众"④ 应是指荆嗣（宋初名将荆罕儒⑤之后）所部从莫州一线与崔彦进协同阻击辽军于长城口，此处的长城口即是指崔彦进传记中提到的唐兴口。关于相关地名，先看《宋史地理志》的相关记载：

> 高阳关，在（高阳）县东……一名草桥关。……即三关之一也。宋属顺安军，与瓦桥、益津互相联络，而高阳实为根本。控扼幽蓟，戍守特重。⑥
>
> 顺安军，同下州。本瀛州高阳关砦。太平兴国七年，置唐兴砦。⑦

结合这两则材料记载，唐兴口的方位在今河北省高阳县一带，北宋时期属于顺安军，雄州在其东面，莫州在其偏南方位，《读史方舆纪要》对此有描述：

> 雄县，府东北百二十里。西至安州六十里，东至霸州保定县八十里，南至河间府任丘县七十里。⑧

---

① 脱脱. 辽史：卷八四·萧干传 [M]. 北京：中华书局，2016：1309.

② 王慧杰，薛志清. 宋辽使臣与雄州印象 [J]. 河北北方学院学报（社会科学版），2018（6）：25-30.

③ 脱脱. 宋史：卷二七二·荆嗣传 [M]. 北京：中华书局，2010：9312.

④ 脱脱. 宋史：卷二五九·袁继忠传 [M]. 北京：中华书局，2010：9005.

⑤ 杨倩描，徐立群. 北宋前期冀州籍武将述论 [C] //河北省"九州之首：冀州"历史文化研讨会会议论文集. 冀州，2008.

⑥ 顾祖禹. 读史方舆纪要：卷一二·北直三 [M]. 北京：中华书局，2005：538.

⑦ 脱脱. 宋史：卷八六·地理二 [M]. 北京：中华书局，2010：2130.

⑧ 同⑥518.

崔彦进、荆嗣所部应在雄州东西两个方向，最终的作战地点系唐兴口，《宋史地理志》记载的唐兴砦在具体形态上虽与唐兴口有区别，属于堡寨，但在名称上显然一致。关于唐兴口，《读史方舆纪要》还有记载：

> 唐兴城，（安）州东南二十里。唐武后如意元年，分高阳、河间县地置武昌县，属瀛州。……神龙初，改为唐兴县。……五代时废。宋太平兴国七年，高阳关镇将奏败契丹于唐兴口，因置唐兴寨。①

结合这则记载，唐兴口系由县城发展而来，具备一定的空间。高阳、河间两县之间，对照今《中国自然地理图集》可知系今雄县，即雄州西偏南方向，后期的唐兴寨即由此发展而来。再看关于高阳县位置的记载：

> 高阳县，（安）州南四十里。西南至蠡县六十里，东至河间府任丘县七十里，……高阳城县东二十五里。……唐宋以来，县皆治此。②

对照相关的里程，唐兴城在安州东南方向，高阳县在安州南方向，显然唐兴城位于高阳县东方向。高阳县治所在的高阳城位于高阳县东，对照而言，唐兴城则是在高阳城北方位（关于高阳县与高阳城的地名联系，相关研究成果③有所涉及）。就唐兴城的方位而言，如果进行协同阻击，其属于西线方向。关于战争的结局，系辽军最终北撤，是否是在撤军途中在唐兴城一带遭遇伏击，材料没有更多说明，但从路线上看，这条路线明显属于辽军常用的撤退路线。《资治通鉴》对此有记载：

> 下敕牓曰："专发大军，往平黠虏。（黠，下八翻。）先取瀛、莫，安定关南；次复幽燕，荡平塞北。"④

> 按是时凡缘河津要，皆以兵守之，亦由燕、冀、瀛、莫入于北，辽人南寇，了无关山塘泺之阻，其兵可以径造河上，故不得不缘河为备也。⑤

---

① 顾祖禹. 读史方舆纪要：卷一二·北直三 [M]. 北京：中华书局，2005：536.
② 同①537.
③ 魏隽如，汤倩. 高阳地名与文化 [J]. 保定学院学报，2010（2）：127–133.
④⑤ 司马光. 资治通鉴：卷二八四"开运三年九月丙辰"条 [M]. 北京：中华书局，1957：9312.

从瀛、莫两州入关南，胡三省的注文已说明，晋辽战争时期辽军的路线即如此。北宋一方于唐兴城击败辽军，应是有效利用了地形上的优势，虽然相关的材料没有对唐兴城作战的过程做详细记载，但结合高阳至雄县一线的环境特点可以得出此结论。上文有论，满城之战时崔彦进所部并不在关南一带，而是在遂城长城旧址一线，满城之战结束之后、太平兴国四年九月丙午之后，从长城口移动至关南区域亦是有时间的。对于其移动，相关材料有印证：

> （太平兴国四年）冬，契丹兵数万寇蒲城，翰会李汉琼兵于徐河，河阳节度崔彦进兵自高阳关继至，因合击之。①

崔翰传记提供了关键信息：太平兴国四年冬天满城之战时，崔彦进所部系从高阳关一线直指黑芦堤一线。这说明崔彦进所部自高梁河回撤后驻地即高阳关一带，满城之战后其所部有充分的时间回撤至驻地。关于高阳关与唐兴城两地的情况，见下面的材料：

> 高阳关，在（高阳）县东。……一名草桥关。五代周显德六年，收复三关，建为高阳关寨，即三关之一也。宋属顺安军，与瓦桥、益津互相联络，而高阳实为根本。②
> 唐兴城，（安）州东南二十里。唐武后如意元年，分高阳、河间县地置武昌县，属瀛州。③
> 高阳县，（安）州南四十里……宋初因之。至道三年，改属顺安军。④

高阳关在县东，唐兴城的位置对照安州来看，明显是在高阳县的北部，从高阳关向唐兴城一线移动，明显系向西北方向移动，袁继忠传记记载的"与崔彦进破契丹长城口，杀获数万众"⑤ 结合这一移动方向可作解释。崔彦进对于辽军的撤退路线是熟悉的，满城之战的胜利与此有直接关系；荆嗣的情况虽无更多记载，作为关南一线的驻军将领，熟悉辽军的情况亦是必然。

---

① 脱脱. 宋史：卷二六〇. 崔翰传 [M]. 北京：中华书局，2010：9027.
② 顾祖禹. 读史方舆纪要. 卷一二·北直三 [M]. 北京：中华书局，2005：538.
③ 同②536.
④ 同②537.
⑤ 脱脱 [M]. 宋史：卷二五九·袁继忠传 [M]. 北京：中华书局，2010：9001.

三、宋真宗时期蒲阴防线的重建——基于原蒲阴陉走向的分析

关于蒲阴县于北宋初期的重建问题，第二章内容在论述"蒲阴"名称变化时，对此有所涉及，根据真宗咸平六年近臣谢德权的上奏，蒲阴县的重建在行政建制上于真宗之前已经完成，谢德权的上奏仅是针对蒲阴城的修葺问题，既然是修葺，当然是在完成重建的基础上进行的。关于谢德权其人，作为潜邸旧臣《宋史》有传：

> （咸平）六年，命城新乐县，迁供奉官。又命浚北平砦濠，茸蒲阴城。一日，遽乘传诣阙求对，且言："边民多挈族入城居止。前岁契丹入塞，傅潜闭垒自固，康保裔被擒，王师未有胜捷。臣以为今岁契丹必寇内地，令边兵聚屯一处，尤非便利，愿速分戍镇、定、高阳三路。天雄城壑阔远，请急诏葺之，仍葺澶州城，北治德清军城堑，以为豫备。臣实虑蒲阴工作未讫，寇必暴至。"上慰遣之，既而契丹果围蒲阴。①

对于宋真宗的潜邸旧臣，整体评价不高，"潜邸旧臣是宋真宗朝的重要政治力量……这些人文化素质较高……但武将官大而无功，文臣无为而因循"②，"宋真宗的潜邸旧臣身居要位，但武将官大而无功；文臣无为而因循"③，但从谢德权传的内容来看，其非军人出身，但军事素养极佳，可以预见到在契丹军队的主攻方向④上蒲阴一线是重要的缺口，一年之后辽军的进攻果然在蒲阴一线打响。围绕谢德权的上奏，针对此时的蒲阴一线，宋廷并非无所作为，前期的失败更多的是军政上的重大失误所致（太宗朝的宋辽战争，暴露了宋军在决策、指挥乃至军事政策层面的诸多问题⑤），《续资治通鉴长编》有记载：

---

① 脱脱. 宋史：卷三〇九·谢德全传 [M]. 北京：中华书局，2010：10166.

② 汪圣铎，孟宪玉. 宋真宗的潜邸旧臣考论 [J]. 安徽师范大学学报（人文社会科学版），2004（6）：655-659.

③ 孟宪玉. 宋真宗潜邸旧臣研究 [D]. 保定：河北大学，2005.

④ 真宗朝，类似谢德权的小人物立奇功的情况并不鲜见，可参见：汪圣铎和孟宪玉的澶渊之盟中被忽视的功臣.

⑤ 漆侠. 宋太宗第一次伐辽：高梁河之战—宋辽战争研究之一 [J]. 河北大学学报（哲学社会科学版），1991（3）：1-9.

（景德元年春正月）壬子，北面都钤辖阎承翰上言，请自嘉山东引唐河三十二里至定州，酾而为渠，直蒲阴县东六十二里，会沙河，经边吴泊入界河，可行舟楫，不唯易致资粮，兼可播种其旁，且设险以限戎马，从之。①

谢德权上奏半年之后，防御措施开始施行，虽然是消极防御性质的，但立足于河北平原的实际情况，以人工河渠作为措施也有客观上的不得已。除此之外，修葺蒲阴城的建议，在防御一线也已落实：

（景德元年八月庚寅）定州副都部署王能护城蒲阴，躬帅丁夫，旦暮不离役所，宴犒周洽。会使者自北面至，言于上，辛卯，诏褒饬之。②

景德元年八月，蒲阴城的修葺已经完成，关于王能修城一事，虽然李焘有不同的看法，并在《续资治通鉴长编》中标明，但结合一系列的防御措施来看，修城一事是符合实际情况的。"（景德元年八月）乙巳，置祁州于蒲阴县"③，祁州的州治定于蒲阴县是在景德元年八月，可见定州至祁州的防线在辽军南下之前才形成，可以说谢德权的奏议起到了作用。辽军的进攻于景德元年九月开始④，关于这条防线，同一卷《续资治通鉴长编》的其余则材料值得关注：

（景德元年闰九月癸酉）契丹主与其母举国入寇，其统军顺国王挞览引兵掠威虏、顺安军，……又攻北平寨，田敏等击走之。又东趋保州。⑤
（景德元年闰九月癸酉）是日，（二十二日也。）挞览与契丹主及其母合势以攻定州，王超阵于唐河，执诏书按兵不出战，敌势益炽，其轻骑俄为我裨将所击，乃率众东驻阳城淀。⑥
（景德元年闰九月癸酉）田敏传云："敏为北平部署，赐御剑，听以便宜从事。敌复入寇，敏与战杨村，败之。敏谍知契丹主去北平十里蒲阴

① 李焘. 续资治通鉴长编：卷五六"景德元年春正月壬子"条 [M]. 北京：中华书局，2004：1228.
② 李焘. 续资治通鉴长编：卷五七"景德元年八月庚寅"条 [M]. 北京：中华书局，2004：1256.
③ 同②1259.
④ 漆侠. 辽国的战略进攻与澶渊之盟的订立：宋辽战争研究之三 [M]. 河北大学学报（哲学社会科学版），1992（3）：1-11.
⑤⑥ 李焘. 续资治通鉴长编：卷五七"景德元年闰九月癸酉"条 [M]. 北京：中华书局，2004：1265.

驻寨，期望日再攻北平，敏夜率锐兵袭破其营帐，契丹主大惊。"①

这三则材料记载的是战事最初几天之内的战况，里面提到了一些耐人寻味的讯息：辽军的主动进攻路线清晰，北平寨一线之前辽军进攻顺利，但在北平寨一线遇到了抵抗，辽军于是东向保州（今保定市区）一线进军，这一条路线显然与晋辽战争之时辽军的路线如出一辙。在九月二十二日这一天，辽军南下定州，但在唐河一线受到了阻击，这时辽军的撤退路线再一次与晋辽战争时惊人的一致，一个熟悉的地名再次出现：阳城淀。在第三则材料中，再次出现了一个熟悉的地名："北平十里蒲阴"。这个"蒲阴"显然不是指八月份才修葺完毕的祁州蒲阴县城，而是指曾经的蒲阴县及蒲阴陉的中心，李焘对于这一沿革是否掌握，材料没有提供更多信息，但根据材料中的里数分析，断不是北宋时期的蒲阴县。三则材料基本透露了完整的信息，即辽军的进攻路线不止一条，曾经的蒲阴陉南下通道是其中一条，在此道上的行军路线甚至与晋辽战争时出奇的一致。北宋一方不论是王超还是田敏，是否清楚后晋时符彦卿等人阳城大捷的情况不得而知（阳城之战距离此时亦有六十年之久，符氏家族的后人此时已淡出了北宋政坛②），但均利用了蒲阴陉通道的地形优势，成功地局部阻击了辽军。《宋史·田敏传》对于蒲阴一线的阻敌也有提及：

> 徙北平砦兵马钤辖，领骑兵五千以当其冲。……迁北平砦总管，赐御剑，听以便宜从事。至是，契丹复入寇，复与敌战杨村，败之。敏谍知契丹主去北平十里蒲阴驻砦，敏夜率锐兵，袭破其营帐。契丹主大惊，问挞览曰："今日战者谁？"挞览曰："所谓田厢使者。"契丹主曰："其锋锐不可当。"遂引众去。③

结合《宋史·田敏传》的记载，也可再做些补充。"北平十里蒲阴"指的是"北平砦"，此时的田敏系北平寨总管，契丹选择在蒲阴驻扎，显然是看中了南下的便利，而田敏的夜间突袭也是利用了这一点。从谢德权到王超、王能、田敏等人，均围绕蒲阴一线做了相关的防御措施，从开战的初期情况来看，这一线的防御基本起到了作用，辽军持续东撤，进攻路线发生了变化。关于这一线的战况，在真宗与毕士安、寇准等人的交流中已有所显现：

① 李焘. 续资治通鉴长编：卷五七"景德元年闰九月癸酉"条 [M]. 北京：中华书局，2004：1266.
② 杨倩描. 论北宋前期"北强南弱"文化格局产生的原因 [J]. 河北学刊，1999（2）：99-102.
③ 脱脱. 宋史：卷三二六·田敏传 [M]. 北京：中华书局，2010：10534.

寇准言："边奏敌骑已至深、祁以东，缘三路大军在定州，魏能、张凝、杨延朗、田敏等又在威虏军等处，东路别无屯兵，乞先发天雄军步骑万人驻贝州，令周莹、杜彦钧、孙全照部分，或不足则止发五千人，专委孙全照。如敌在近，仰求便掩击，仍令间道约石普、阎承翰相应讨杀，乃募强壮入敌境，焚毁族帐，讨荡生聚，多遣探伺，以敌动静上闻，兼报天雄军。一安人心，二张军势以疑敌谋，三以震石普、阎承翰军威，四与邢、洺相望，足为犄角之用。"①

从寇准的奏议中可以看出，针对辽军的进攻，河北地区西线的防御基本是有效的，问题以及缺口是出在东线，西线防御的中心是定州②一线，蒲阴防线显然是重要的一环。从这一角度来看，咸平六年至景德元年对于这条防线的建设虽然在指导思想上仍是消极的，但其作用在战争中还是凸显了出来。欧阳修在《塞垣》一文中对于这条防线也有论述：

今广信之西有，中山之北有唐河，尽可开决水势、修利陂塘，或导自长河之下、金山之北，派于广信、安肃达于保塞。或包举蒲阴入于阳城，积水瀰漫横绝紫塞，亦可谓险矣！蒲阴、阳城度其地势，今塞上之要冲！先是胡马将入寇于兹城，驻牙帐数日，伺汉兵之轻重或我师禦捍，乃长驱南下；我师既即戎人为全师归重之地，此所谓藉城险而资寇兵，非中国之利。今若修复雉堞、完聚兵谷，与诸城栅刁斗相闻，鲍、唐二水交流其下，虏骑纵至无复投足之地，又焉有扰扰之患。③

欧阳修生活、为官的年代不是真宗时期（可参照欧阳修相关传记中的记载④），《塞垣》篇写作的背景也不是宋辽战争时期，但在双方出现边界纠纷时，这一问题不免被提及。按欧阳修的分析，河北平原区域的水长城与蒲阴、阳城一线可通过唐河、鲍水连在一起，因此这一条防线不是单纯的水防线，也包括陆上区域（材料画线部分即凸显了蒲阴、阳城一线的重要性），欧阳修于

---

① 李焘. 续资治通鉴长编：卷五七"景德元年闰九月癸酉"条［M］. 北京：中华书局，2004：1266.

② 米玲，王彦岭. 北宋定州军事特质农业发展管窥［J］. 河北大学学报（哲学社会科学版），2009（3）：28-32. 米玲. 宋代以来定州经济发展研究［M］. 北京：人民出版社，2016：64.

③ 欧阳修. 欧阳文忠公集：卷九·塞垣［M］. 成都：巴蜀书社，2013：817.

④ 王水照，崔铭. 欧阳修传：达者在纷争中的坚持［M］. 天津：天津人民出版社，2008：64.

北宋仁宗庆历四年八月至庆历五年八月出任河北都转运按察使，期间参与处置保州兵变①的善后事宜。这一时期河北沿边区域形势已趋复杂，路为河北地区禁军的主要驻扎地，也是河北路中驻扎禁军最多的一个州（在仁宗庆历时期），欧阳修的职责虽与军备作战无直接关系，但其对于防御形势的分析很到位，恢复了保障河北沿边粮草供应的御河漕运。真宗时期蒲阴陉防线的重建在交战时期发挥了作用，在此之后，随着水长城防线的逐渐形成，山水之间逐渐联系了起来，虽然在态势上是防御型，但基本的功能可以保存下来。

---

① 汪圣铎，张赫. 宋代保州宗室论述［M］. 北京：中国档案出版社，2008. 关于欧阳修在河北这段时间的仕宦，可参考丁建军，张婷. 欧阳修与河北［M］//刘云军，丁建军. 保定宋辽历史文化遗产及其开发研究. 保定：河北大学出版社，2015：6.

第六章　结　语

本书前五章内容分别从蒲阴陉的得名缘由以及名称形成问题，蒲阴陉形成问题尤其是形成时期、主要构成及所经区域等问题，蒲阴陉与五回岭（道）的关联问题及徐河上游与蒲阴陉的关联问题，入宋后蒲阴陉故道的军事功能变化问题进行了论述，几个问题均系关于蒲阴陉的典型问题。

通过对地名材料的梳理，从地名的源流论述了蒲阴陉的得名缘由。从文字的解释来看，"陉"字有两个解释，分别是两山之中的通道以及具体的交战地点。太行八陉最初出现的记载是东晋南朝时期郭缘生的《述征记》，但不能排除在此之前古道已经实际形成只是没有命名，"陉"字的两个解释对于厘清古道的名称来源均有帮助。

关于"蒲阴"这一地名的来源，可以追溯至汉代的蒲阴县，不同的史料对其记载有混乱之处。通过对相关材料的梳理对比，关于"蒲阴"名称的来源可从地名角度进行总结。"蒲阴"名称的出现始于东汉时期，就现有史料记载来看，多认为系汉章帝改"曲逆"名称为"蒲阴"，典型材料系西晋司马彪的《续汉书》，《水经注》《史记索隐》引用了司马彪的记载。《续汉书》成书于西晋泰始之后，故汉章帝时期改名说的支撑材料为西晋史料，即便如此，"曲逆"改称"蒲阴"也是说得通的，只是何时所改需进一步厘清；《史记集解》引用的曹魏时期文颖的观点，而文颖的生平史料记载不详，通过"建安又七子"之一的繁钦的记载可知，文颖主要生活时代是东汉后期至建安十七年，由此可见，文颖的"今中山蒲阴是"一说较《续汉书》所提的章帝改名说，在时间上出现得更早，系东汉后期。

关于"蒲阴"的具体解释，《水经注》及相关注疏，以及各地理志书等均有说明，以《水经注》的记载作为线索分析，"蒲阴"的具体解释涉及相关的县级行政区属地变迁以及流经河流故道走向，东汉时期确实出现了中山国蒲阴县（城）一级政区，但该政区何时出现依靠现有材料不能完全厘清，但就行政区范围来看，涉及秦代的曲逆县、西汉时期的中山国曲逆县，涉及的河流系唐河的支流蒲水、祁水、博水。"蒲阴"作为地名出现最初是县级政区名称，可以说"蒲阴县（城）"早于"蒲阴陉"，对于作为行政区划的"蒲阴"的解释，三国时期张晏的《汉书注》中有解释，后颜师古注《汉书》继承了张晏的观点，清代赵一清在其《水经注释》中确定了这一点，即蒲水之阴为蒲阴。

本书认为，长期以来关于蒲阴陉为易县紫荆关道的说法是错误的，可以得到更正：历史时期的蒲阴县位于今河北省顺平县、满城区交界，以其命名的古道与易县县域无关，也与各个时期的紫荆关区域无关，"蒲阴陉"的名称出现的时间不早于东汉后期。蒲阴陉在两汉时期形成后（以蒲阴县存在的时间作为参照，东汉至北朝这一时期为主，下延至北宋初），蒲阴县（汉代）即蒲阴陉的核心，主要范围包括汉代的北平县、汉代的蒲阴县、北魏蒲城（满城故城）、阳城淀（白团卫村）、阳安关等。这条路线系南北方向，南北做比较，南下通道的重要性更为突出。不论是后燕与北魏的南下还是契丹的南下，这条通道均发挥了重要的作用。

蒲阴陉于汉代形成后，在北朝时期，尤其魏燕战争以及后燕政权建立过程中，其属于典型的南北通道，在军事及交通方面起到了重要作用，所涉区域围绕汉代的蒲阴县与北平县展开。结合对满城县名称的来源以及始建时间的分析来看，部分研究成果提到的五回岭及五回道著者，不论在具体的方位上还是路线上，著者都认为与蒲阴陉无关；通过对五代时期的晋辽战争以及北朝时期魏燕战争的相关材料的分析可知，阳城一线系蒲阴陉的东南门户，阳城向南基本已是山前平原区域，而阳城白团卫村应是蒲阴陉的南限，蒲阳山、蒲水、蒲阴县、北平县整体系西北向东南的方向，阳城（淀）一带东南方向为蒲阴陉延伸的支线。

通过对严耕望《太行飞狐诸陉道》附论蒲阴陉相关内容的分析，著者认为，蒲阴陉与飞狐陉并无直接的联系，不论在行政区上还是自然地形，二者之间均无直接的关联。严氏附论中的蒲阴陉部分，引用材料及具体的事例，多出自唐宋时期，对于典型的如刘秀与几支农民军的追击战的地点，后燕与北魏之间围绕阳城的争夺，以及晋辽战争相关的材料则没有注意。蒲阴陉作为一条重要的交通路线，其在军事上的突出作用是在汉代蒲阴县以南，阳城（淀）一带向东南方延伸的支线上。

关于蒲阴陉的北限，根据目前已经掌握的材料来看，可以确定是满城故城，唐代的满城县即是蒲阴陉的北限，虽然在宋代之后相关地名发生了变化，但由满城故城向南至阳城淀一带的这条路线依旧发挥了军事方面的作用。徐河及其流经地虽与蒲阴陉，尤其是满城故城有关，但不能说徐河及其上游是蒲阴陉的构成部分，这里需要厘清。虽然北朝以后地名有变化，但蒲阴陉的构成以及走向已经形成，并没有发生变化。五代至北宋初期，这条通道的重要性虽已发生变化，但不论是后晋还是北宋，均利用这条通道的地理优势，在局部的军事战略防御上取得了优势。

关于这条通道，著者还认为其不同于传统理解的山间通道，这条通道在不同历史时段发挥作用的主要区域均是山区至平原过渡一带，其支线部分甚至就在平原区域，故关于八陉的理解，应有更深刻的认识，不宜局限于山间通道或两山之间。民国时期学者丁文江的看法或许有参考意义：

> 八陉里面的军都陉（就是居庸关）、飞狐陉和蒲阴陉（就是紫荆关）都在燕山，而不在太行。其实所谓八陉，根本就没有道理。"八"这个数目，是中国地理上的一种迷信，起源于东、南、西、北和东北、西北、东南、西南，八个方向。所以说"大将军八面威风"。……"八陉"的来历大概也不过如此。……太行山里与软关、白陉、滏口同等的小路不止十数，而从阜平向五台的龙泉关、向恒山的倒马关却反不在八陉之列，可见得八陉是根本没有意义的了。[①]

丁文江的论述有其特定背景，在此无须展开，文中提到的观点本身也有不合理之处，但对于理解"八陉"的具体概念是有启发的。太行山中的通道，不论哪个时期都不会只有八条，且每一条通道在不同的时期都有名称变化的可能性存在。对于"八陉"，应在遵循《述征记》因地立名的原则前提下，结合不同时期的变化进行阐释，但不论如何解释，因地立名这一原则应是前提，脱离了这一原则，通道的名称缘由就无法说清。在厘清名称之后，对于每一条通道可以有更深刻的认识。

---

① 丁文江. 丁文江全集：第 7 卷［M］. 长沙：湖南教育出版社，2008：74.

附　论

附论一　东魏南营州英雄城辨析

由《中国历史地图集（东晋十六国·南北朝时期）》东魏地图部分①可知，范阳郡与北平郡之间标注有南营州英雄城。关于南营州与英雄城，不同的史料有不同的记载，在此有必要进行相关辨析。《北史·薛修义传》对英雄城有记载：

> 沙苑之败，徙秦、南汾、东雍三州人于并州，又欲弃晋，以遣家属向英雄城。修义谏曰："若晋州败，定州亦不可保。"神武怒曰："尔辈皆负我，前不听我城并州城，使我无所趣。"修义曰："若失守，则请诛。"②

沙苑之战系东魏、西魏之间的一场遭遇战，时间是天平四年（537），战争结果是东魏失败。高欢采取了迁徙民户的措施，迁徙的路线是由河东向定州，薛修义认为此举并不可行，因为若将太行山的屏障拱手相让，河北平原区域也是守不住的。材料中提到了英雄城，但并没有具体讲城址，从强调定州的重要性来看，应距定州不远；从时间上来看，沙苑之战时英雄城已经存在了一段时间，秦、南汾、东雍三州人口数量应有一定的规模，成规模的人口迁徙，迁入地的选择很重要。再看《魏书》的一则记载：

> 南营州（孝昌中营州陷，永熙二年置。寄治英雄城。）领郡五，县十一，户一千八百一十三，口九千三十六。③

显然，南营州在北魏时期已经侨置，侨置对象系营州，英雄城仅是南营州的寄置地所在。南营州整体侨置的规模不到万人。在北魏时期，高欢若要迁徙

---

① 谭其骧，等. 中国历史地图集（东晋十六国·南北朝时期）［M］. 北京：中国地图出版社，1996：6.
② 李延寿. 北史：卷五三·薛修义传［M］. 北京：中华书局，2018. 关于沙苑之战，可参考：宋杰. 两魏周齐战争中的河东［M］. 北京：中国社会科学出版社，2006：66.
③ 魏收. 魏书：卷一〇六上·地形二上［M］. 北京：中华书局，2018：2455.

河东三州的人口到此，总体的人口数量①会有明显的增加。《魏书》提到了两个关键的年号，"孝昌"为孝明帝元诩的第三个年号（525 年六月至 528 年正月），"永熙"为孝武帝元修的第三个年号（532—533），结合两个年号来看，南营州的侨置是在永熙二年（533），这一时间点距沙苑之战（537）仅有四年，已是北魏政权分裂之时，因此英雄城的出现不会早于永熙二年。再看《资治通鉴》的一则记载：

> 易州贼帅宋金刚，有众万余，与魏刀儿连结。（易州，上谷郡。宋白曰：易州，六国时燕地，秦并天下，是为上谷郡。汉置涿郡。今州即涿郡故安县。地图经云：隋初，自今遂城县所理英雄城，移南营州，居燕之侯台，仍改名易州，取州南易水为名。帅，所类翻。）②

这则材料虽然记载的是唐初的史实，但胡三省在注释中引用《地图经》的观点，英雄城即为隋代的遂城县，《地图经》的成书时间应不晚于隋初。关于遂城县，相关的材料也有进一步的解释：

> 遂城废县，（徐水）县西二十五里。战国时燕之武遂也。赵李牧伐燕，拔武遂、方城。又秦破赵将扈辄于武遂，斩首十万，即此。汉为北新城县，属中山国。后汉属涿郡。晋属高阳国。后魏曰新城县，属高阳郡。世谓之英雄城。魏主诩孝昌中，营州陷。永熙二年，置南营州于此，领昌黎、辽东、建德、营丘、乐浪五郡，皆侨郡也。北齐惟存昌黎一郡，领永乐、新昌二县。隋开皇初，废南营州。③

北朝至隋代的遂城县在今徐水（区）以西方向二十五里，按顾祖禹的解释，遂城县即侨置的南营州，同时还有一个别称即"英雄城"。南营州一直到隋初还存在，但英雄城的别称在北齐时期已不存在。东魏存在的时间有十七年（534—550），北魏永熙二年为 533 年，按此时间计算，南营州英雄城存在的时间不少于十八年。胡三省的注解中还提到了"侯台"，关于这一地名相关材料也有进一步解释：

---

① 关于这一时期的人口情况，可以参见陶文牛的《隋初户口考》. 关于河东三州人口数量的估算，也可参见陶文牛的《隋开皇大业年间户口盛衰考实》. 两篇文章虽然是论述隋代的户口情况，但涉及引用大量的北朝户口史料，具有参考价值.

② 司马光. 资治通鉴：卷一〇九"隆安元年二月"条［M］. 北京：中华书局，1957：2069.

③ 顾祖禹. 读史方舆纪要：卷一二·北直三［M］. 北京：中华书局，2005：513.

侯台，在州治西。相传周武王所筑，为日者占侯之所。战国时，燕昭
王建五楼于其上，更名五花台。辽主隆绪尝驻于此。《图经》：隋初于遂
城县，移南营州居燕之侯台，改曰易州，以州南易水为名也。①

侯台与隋代的遂城县应是南北的方向。材料中顾祖禹也提到了一份《图
经》，这份《图经》在内容上与上文胡三省引用的《地图经》相一致，顾氏论
述侯台是在易州部分（不同时期的行政区划有差别），引用的《图经》应是
《易州图经》或《易县图经》。按顾氏的理解，隋初撤废的南营州即明清之际
的易州的前身，顾氏的解释相较于胡三省更进一步，但二者的解释均仅到县一
级。再看《元和郡县图志》的一则记载：

后魏孝武帝永熙二年，以韩瓒为营州刺史行达此城，值卢曹搆逆，就
置南营州。以瓒为刺史，所部三千余人并雄武冠，时因号英雄城。②

关于南营州英雄城的名称来历，《元和郡县图志》有明确的解释，营州刺
史韩瓒率三千余人撤退于此，此三千余人号"雄武"，撤退到遂城一带，固此
地号称英雄城。该城的所在地不排除有固有的地名，但由于三千军人的特殊情
况，出现了名称的改变，侨置州郡出现这类情况并不罕见。《太平寰宇记》关
于南营州英雄城还有时间上的补充：

隋开皇元年，自今遂城所理英雄城移南营州，居燕之侯台，仍改名易
州。取州南易水为名，炀帝初州废复为上谷郡，遥取汉上谷以为名。③

开皇元年为南营州改名的时间，也是英雄城不再出现于史料记载的时间
点。南营州作为北魏末期的侨置州，位置在隋代的遂城县一带，今徐水（区）
西北方向，结合《中国历史地图集》的标注，南营州侨置地的选择位于蒲阴
陉的北线④，满城故城距南营州侨置地距离上很有限。关于南营州及英雄城，
其他的相关材料有必要在此进行对照辨析，先看《大清一统志》的两则材料：

---

① 顾祖禹. 读史方舆纪要：卷一二·北直三［M］. 北京：中华书局，2005：545.
② 李吉甫. 元和郡县图志：卷一八·河北道三［M］. 北京：中华书局，2005：517.
③ 乐史. 太平寰宇记：卷六七·河北道一六［M］. 北京：中华书局，2007：1356.
④ 崔玉谦. 蒲阴陉名称源流若干问题考论［C］//"生态、社会与文明：华北区域历史文化"学术研
　讨会会议论文集. 保定，2022：336-367.

《魏书·地形志》：南营州，永熙二年置寄治英雄城，领郡五，昌黎、辽东、建德、营邱、乐浪；县十一，龙城、广兴、定荒、太平、新昌、石城、广都、富平、永安、带方、永乐；《隋书·地理志》：后齐惟留昌黎一郡，领永乐、新昌二县，馀并废。①

按：县城即战国时武遂城也，后魏孝武以韩瓒为营州刺史，行达此城，值卢曹搆逆就置南营州；以瓒为刺史，所部三千馀人并雄武，冠时因号英雄城，《寰宇记》遂城县今理釜山村，《旧志》：废县今为遂城社。②

方志的材料来源广泛，作为地理总志，乾隆时期的《大清一统志》实际成书于乾隆五十年年底，共有四百二十四卷及目录二卷，引用史料众多，目前已知至少有四十二人先后参与编修工作。上面的两则材料，第一则注明了系引用《魏书·地形志》《隋书·地理志》，对照相关材料没有出入，仅是对相关沿革的介绍。第二则材料则涉及南营州英雄城的具体地点问题，引用的材料为《太平寰宇记》与方志，特别提到了一点，英雄城即理釜山村，关于"釜山"这一地名（基层行政建制不同时期的名称③有差异，在此不作展开），《太平寰宇记》中的记载上文已有引用，易州条目下并未提及釜山，但在遂城县条目下有记载：

后魏武帝永熙二年于此置南营州，改为新昌县，隋开皇十六年改为遂城县，今理釜山村。④

按乐史的记载，宋初的遂城县，即在釜山村，但对于釜山村的具体位置未做更多的解释。《读史方舆纪要》有进一步解释：

釜山（安肃）县西四十五里，以形似名。西接黑山，东临峭壁，中有谷甚宏敞。初入曰釜阳口，内为釜山村，泉甘土肥，物产鲜美。⑤

结合这则材料可知，釜山（村）的具体位置即在今徐水区（材料中的安

---

① ② 和珅. 大清一统志：卷六·保定府三 [M]. 台北：景印文渊阁四库全书，1978：64.

③ 关于这一问题，可参见：谷更有. 中国古代乡村社会的权力体系论略 [J]. 中国史研究动态，2021（2）：23-27.

④ 乐史. 太平寰宇记：卷六八·河北道一七 [M]. 北京：中华书局，2005：1382.

⑤ 顾祖禹. 读史方舆纪要：卷一二·北直三 [M]. 北京：中华书局，2005：514.

肃县）以西四十五里，已是太行山的沿线区域，南营州英雄城的选址符合侨置的原则，尤其提到的"釜阳口"。关于釜山，相关的方志还有记载：

> 釜山在安肃县西四十五里，东临峭壁，中有谷甚宏敞。初入曰：釜阳口，内有釜山村，泉甘土肥、物产鲜美。……其西又有黑山，背阳面阴，土壤深黑，汉末张燕据此号黑山贼。[①]

尤其最后的解释，釜山村一带曾经是农民起义军的据点。虽然仅是一个村，但物产资源丰富，对于以军人以及军人家属为主的侨置人群而言，基本的异地生存条件是具备的。关于"釜阳口"，相关材料记载其处于峭壁之下，具有天然屏障。再看《水经注》的相关记载：

> 易水又东屆关门城西南，即燕之长城门也，与樊石山水合。水源西出广昌县之樊石山，东流迳覆釜山下，东流注于易水。易水又东历燕之长城，又东迳渐离城南，盖太子丹馆高渐离处也。[②]

结合水系的情况，易水东流必经釜山村一带，丰富的水资源对于侨置人群的日常生活来说，是有便利的一面的。遂城县在此后长时间的建制存在，不能排除有这方面的原因。

---

① 和珅. 大清一统志：卷六·保定府三 [M]. 台北：景印文渊阁四库全书，1978：64.
② 郦道元. 水经注校：卷一一·易水 [M]. 王国维，校. 上海：上海人民出版社，1984：378.

附论二　东魏定州北平郡考辨

《中国历史地图集（东晋十六国·南北朝时期）》东魏地图部分①，范阳郡与定州中山郡之间标注有北平郡，东魏的政区设置多沿袭北魏，尤其是河北地区。但在《中国历史地图集（东晋十六国·南北朝时期）》北魏地图、北齐地图部分均没有标注北平郡，鉴于此，有必要对这一问题做出辨析。关于东魏时期的河北政区，已有的研究成果集中于冀州，②即河北中南部一带，太行山沿线区域尤其北线并没有涉及。关于北平郡，先看《魏书》的一则记载：

> 定州（太祖皇始二年置安州，天兴三年改。）领郡五，县二十四，户一十七万七千五百一，口八十三万四千二百七十四……北平郡（孝昌中分中山置，治北平城。）领县三，户一万三千三十四，口六万五千一百二。蒲阴（二汉、晋属中山。前汉曰曲逆，章帝改名。有蒲阴城、安国城、安阳、赤泉神。）北平（二汉、晋属中山。有北平城、木门城。）望都（二汉、晋属中山。有高昌城、朝阳城、伊祁山。有尧神、孙山。）③

北平郡在北魏时期属于定州下辖郡，孝昌为北魏末年孝明帝元诩的第三个年号（525年六月至528年正月），就时间点而言，北平郡存在于北魏的时间并不长，孝昌后不久即是东魏时期（534—550）。再看《读史方舆纪要》的一则记载：

> 完县府西七十里。西南至唐县四十里，东北至满城县五十里，北至易州百二十里。秦曲逆县地。汉为北平县地，属中山国。后汉及晋因之。后

---

① 谭其骧，等. 中国历史地图集（东晋十六国·南北朝时期）［M］. 北京：中国地图出版社，1996：6.
② 相关研究成果可参见宋燕鹏的《东魏北齐冀州刺史考》，宋燕鹏、冯磊的《东魏北齐冀州刺史系年考》，宋燕鹏、高楠的《由籍贯看东魏文士的地理分布》.
③ 魏收. 魏书：卷一〇六上·地形二上［M］. 北京：中华书局，2018：2455.

魏属中山郡。孝昌中，分置北平郡，治北平县。北齐郡废。①

结合顾祖禹的记载来看，北魏末年分置的北平郡，在北齐时期撤废，从这一点来看，《中国历史地图集（东晋十六国·南北朝时期）》北魏地图、北齐地图部分均没有标注北平郡是有原因的，虽然具体的时间点上有差异［北魏地图的时间选择是太和二十一年（497），北齐地图的时间选择是武平三年（572）］，但在时段上标注是妥当的。再看《隋书》的记载：

> 北平（旧置北平郡。后齐郡废，又并望都、蒲阴二县来入。开皇六年又置望都，大业初又废。有都山、伊祁山。有濡水。）②

《隋书》对于北魏、东魏、北齐三个时期北平郡情况的记载不详，两个关键的时间点并未厘清。《北齐书》虽仅有相关的人物传记，没有地理志等内容，但在文宣帝高洋的传记中有一则记载：

> 魏自孝昌之季，数钟浇否，禄去公室，政出多门，衣冠道尽，黔首涂炭。……是使豪家大族，鸠率乡部，托迹勤王，规自署置。或外家公主，女谒内成，昧利纳财，启立州郡。离大合小，本逐时宜，部竹分符，盖不获已，牧守令长，虚增其数，求功录实，谅足为烦，损害公私，为弊殊久，……自尔因循，未遑删改。③

这是北齐天保七年十一月的一则诏书，诏书直指北魏末年以来行政区划混乱，目的很明显，即裁撤州郡，诏书中还有内容：

> 周曰成、康，汉称文、景，编户之多，古今为最。而丁口灭于畴日，守令倍于昔辰，……百室之邑，便立州名，三户之民，空张郡目。……今所并省，一依别制。于是并省三州、一百五十三郡、五百八十九县、二镇二十六戍。④

诏书的这一部分内容是裁撤州郡的具体过程、举措，北平郡显然是在一百五十三个被裁撤的郡里，其下辖的两个县则合并到了其他郡。天保是高洋第一

---

① 顾祖禹. 读史方舆纪要：卷一二·北直三［M］. 北京：中华书局，2005：527.

② 魏徵，等. 隋书：卷三〇·地理中［M］. 北京：中华书局，2008：930.

③④ 李百药. 北齐书：卷四·帝纪第四［M］. 北京：中华书局，2008：9.

个年号，天保七年对应的年份为 557 年，就这一时间点来看，从北魏末年孝明帝孝昌年间算起至天保七年，北平郡存在的时间在三十年左右。关于北平郡的具体位置，显然是在蒲阴陉的沿线，从《魏书·地形志》的记载可以看出，北魏时期的蒲阴县为其下辖县，相关的地名均为蒲阴陉沿线的重要地名①，材料没有更多的解释。北平郡的分置是否与蒲阴陉的军事功能有关，后期的一些材料对此有描述，虽不直接，但足以说明问题：

> 北平废县县东二十里。汉县治此，高祖封功臣张苍为侯邑。顺水经其地。光武击尤来、大枪诸贼于元氏，追至北平，战于顺水北，即此处也。②

材料与农民战争有关，可见汉代的北平县已是重要的军事据点，北魏至东魏时期有所沿革亦是必然。

---

① 崔玉谦. 蒲阴陉名称源流若干问题考论 [C] // "生态、社会与文明：华北区域历史文化" 学术研讨会会议论文集. 保定，2022：336-337.
② 顾祖禹. 读史方舆纪要：卷一二·北直三 [M]. 北京：中华书局，2005：528.

附论三　《水经注》载记"汉中山王故宫"相关史实考补

　　《水经注》成书于北魏后期孝明帝孝昌年间，四十卷，是郦道元为《水经》所做的注解。《水经注》注解水道共1252条，比《水经》所记的水道数目多将近十倍。《水经》对河道流域、走向等的记录较为简略，郦道元为对其进行详细注释，注引大量文献史料，这些文献史料有征引自典籍记载的史料，亦有来自野外考察的记录。对于遗迹遗址的记录也在《水经注》中大量出现，现在的研究成果对其有部分引用①。汉代的中山国系汉景帝刘启于前元三年（前154）封庶子刘胜为中山王而立，是汉代诸侯王封国中比较大的一个。在长达329年的汉代中山国历史中，中山国王世系不断更替，并几经废除和建立。对于汉代中山国的研究，多集中于相关考古材料的整理利用以及文化元素提取方面②。《水经注》中记载了一条涉及"汉中山王故宫"的史料，材料中的相关史实存在一些问题，在此，本书结合其他相关材料对此进行补考。《水经注》滱水部分有一则记载：

　　　　余按：卢奴城内西北隅，有水渊而不流，南北一百步，东西百馀步，水色正黑，俗名曰黑水池。或云，水黑曰卢，不流曰奴，故此城藉水以取名矣。池水东北，际水有汉中山王故宫处，台殿观榭，皆上国之制。简王尊贵，壮丽有加。始筑两宫，开四门，穿城北累石为窦，通涿唐水流于城中，造鱼池、钓台、戏马之观。岁久颓毁，遗基尚存，今悉加土为刹利灵图。池之四周，民居骈比，填遍秽陋，而泉源不绝。暨赵石建武七年，遣北中郎将始筑小城，兴起北榭，立宫造殿。后燕因其故宫，建都中山。小

① 杨倩描. 北魏王朝与涿鹿黄帝庙祭 [M] //李阳. 三祖文化论坛汇编. 北京：中国社会科学出版社，2016.
② 石永士，王素芳，裴淑兰. 河北金石辑录 [M]. 石家庄：河北人民出版社，1993. 赵槿槿. 燕赵地域文化视阈下的河北博览类建筑设计研究：以定州博物馆为例 [D]. 长春：长春工程学院，2019.

城之南，更筑隔城，兴复宫观。今府榭犹传故制。①

这则材料透露了若干信息，一是关于卢奴城的解释，这一点与本文没有直接关系，不在此展开。二是卢奴城的西北方向有一水池名为"黑水池"，黑水池的东北方向即"汉中山王故宫"所在地，《水经注》成书于北魏后期，郦道元实地考察所见的也是这一时期的景观。从文字记载来看，"汉中山王故宫"在北魏后期依旧存在，形制上基本完整。关于这处王宫的遗址，下文有详述。郦道元看到的这处"汉中山王故宫"，已经不是单纯的宫殿，它已具备了宗教建筑的若干元素，这一点下文亦有详述。关于后赵、后燕时期对于这一处宫殿遗存的增修加固，亦值得注意。关于郦道元的注解，可与杨守敬、熊会贞的注解进行对照：

附表1　《水经注》与《水经注疏》相关记载比照

《水经注》	《水经注疏》
余按：卢奴城内西北隅，有水渊而不流②	（杨）守敬按：《元和志》安喜县下，黑水故池在定州城西北，去县四里，周围百馀步，深而不流③
池水东北，际水有汉中山王故宫处④	朱脱中山二字，赵据《初学记》八引增⑤
台殿观榭，皆上国之制。简王尊贵，壮丽有加。始筑两宫，开四门，穿城北⑥	朱作城北，《笺》曰：一作北城。戴改。守敬按：明抄本作北城⑦
造鱼池、钓台、戏马之观。岁久颓毁，遗基尚存，今悉加土为刹利灵图⑧	赵据孙潜乙刹利利作利刹，戴同。守敬按：《梦溪笔谈》，天竺以刹利、婆罗门二姓为贵种。刘言史《送婆罗门归本国诗》，刹利王孙字迦摄，竹锥横写叱罗叶。则刹利字不误。又《清水注》，东岩西谷，又是刹灵之图。刹利形近，疑此利字衍⑨

---

① 郦道元. 水经注校：卷一一·滱水［M］. 王国维，校. 上海：上海人民出版社，1984：395-396.

②④⑥⑧ 同①395.

③⑤⑦⑨ 谢承仁. 杨守敬集（第三册上）·水经注疏：卷一一·滱水［M］. 武汉：湖北人民出版社，1997：796.

附表 1（续）

《水经注》	《水经注疏》
暨赵石建武七年，遣北中郎将始筑小城，兴起北榭，立宫造殿。①	守敬按：《十六国春秋》，赵建武七年，作卢奴小城。《晋书·石季龙载记》不载筑小城事。②

　　对照情况来看，《水经注疏》的解释涉及内容不多，关于"汉中山王故宫"的基本情况没有否定，明显与《水经注》记载不一致的在于佛教内容部分以及后赵时期的增筑。《太平寰宇记》中的一则记载，对于相关内容的记载顺序有所调整：

　　　　中山故城，《水经注》："黑水东北有汉中山王故宫，有钓台、戏马观，尚存遗址。中山者，城内有小山，侧而欲上，若委粟焉，城因号曰中山。"③

　　按乐史的理解，这不是一座宫殿而是一座故城，但其记载在"安喜县"条目下，鉴于此，著者认为宫殿的理解更稳妥，但宫殿的规模形制应有较大的范围，乐史虽然直接引用郦道元的注文，但其对于时间并没有说明。关于"汉中山王故宫"的时间问题，《水经注》有解释，"简王尊贵，壮丽有加"，关于"简王"，《水经注疏》没有作进一步解释，汉代的材料可做参考：

　　　　中山简王焉，建武十五年封左翊公，十七年进爵为王。焉以郭太后少子故，独留京师。三十年，徙封中山王。……立五十二年，永元二年薨。④

　　东汉时期的中山简王刘焉为光武帝时期的十王之一，十七岁时进爵为王，至五十二岁逝世。以刘焉的身份，用三十六年的时间加之刘焉自身的身份，营造一座宏伟的宫殿是没有问题的，"皆上国之制"。从时间连续性来看，东汉

---

① 郦道元. 水经注校：卷一一·滱水［M］. 王国维，校. 上海：上海人民出版社，1984：395.

② 谢承仁. 杨守敬集（第三册上）·水经注疏：卷一一·滱水［M］. 武汉：湖北人民出版社，1997：796.

③ 乐史. 太平寰宇记：卷六二. 河北道一一［M］. 北京：中华书局，2007：1270.

④ 范晔. 后汉书：卷四二·光武十王列传第三十二［M］. 北京：中华书局，1982：1449.

初期至北魏后期，中间几经战乱，关于这一点，人口的变化即可说明①，这座宫殿发生变化亦是必然。关于东汉中山简王，其为郭皇后（圣通）之子，地位尊贵。关于后赵建武七年扩建一事，可根据相关史料记载对照，《水经注》注明的"赵石建武七年"为后赵政权第四个年号，对照《中国历史纪年表》②，可知时间为公元 342 年。关于后赵政权的若干情况，现有的研究成果已有论述③，杨守敬的注疏指出，"《晋书·石季龙载记》不载筑小城事"。关于后赵建武七年的情况，史料如下：

> （石）季龙畋猎无度，晨出夜归，又多微行，躬察作役之所。……自古圣王之营建宫室，未始不于三农之隙，所以不夺农时也。……季龙省而善之，赐以谷帛，而兴缮滋繁，游察自若。④

> 盛兴宫室于邺，起台观四十余所，营长安、洛阳二宫，作者四十余万人。⑤

后赵建武年间大兴土木广造宫殿，虽然在具体区域上材料没有说明，但广泛性是存在的（对照《中国历史地图集》，后赵版图部分⑥虽然没有表明时间，但中山郡在建武年间在其控制范围之内）。对照《水经注》与《水经注疏》，后赵建武七年一事，有一共同点即"筑小城"，这座"小城"杨守敬认为系"卢奴小城"。"小城"与宫殿显然有区别，尤其在功能上，但在具体的名称上，二者的混用并不罕见。乐史认为这座宫殿遗存为中山故城，虽然这已是唐宋之际。著者认为更合理的解释为，后赵建武七年，这座东汉的宫殿遗存经过了一次修缮，且规模不小，但此时的宫殿遗存的所在地已不是王城，而是在遗存的基础上形成了一座小城。关于卢奴城，相关的材料也有记载：

> 后魏中山郡及恒州皆治此。《舆地志》：卢奴城北临滱水，南面沠河，杜预谓之管仲城。又有中山宫，慕容垂所置宫也。自后魏至高齐，皆因而为别宫。⑦

---

① 陶文牛. 东汉人口南北分布的演变：《续汉书·郡国志》户口资料研究之二 [J]. 山西大学学报（哲学社会科学版），1994（3）：61-66.

② 魏隽如. 中国历史与文化·历史纪年部分 [M]. 北京：中国社会出版社，2005：18.

③ 宋祖雄. 后赵汉官群体政治地位研究：以官爵为中心 [D]. 徐州：江苏师范大学，2018：6.

④⑤ 房玄龄. 晋书：卷一〇六·石季龙载记 [M]. 北京：中华书局，2005：2722.

⑥ 谭其骧，等. 中国历史地图集（东晋十六国·南北朝时期）[M]. 北京：中国地图出版社，1996：6.

⑦ 顾祖禹. 读史方舆纪要：卷一四·北直五 [M]. 北京：中华书局，2005：617.

《读史方舆纪要》在安喜县条目下有解释，卢奴城在北朝时期具备一定的规模，"别宫"即凸显了重要性。从东汉初年的王国宫殿到后赵建武七年的新筑小城，可以说是一次重要的变化。到了郦道元生活的北魏后期，其在小城的基础上再次发生变化，《水经注》与《水经注疏》均提到了"刹利灵图"，关于"刹利"一词，《水经注疏》先后引用《梦溪笔谈》与唐代刘言史的诗歌作为解释，其中有一首《送婆罗门归本国诗》，显然与佛教有密切关系，《水经注疏》仅引用其中两句，该诗全文①如下：

> 刹利王孙字迦摄，竹锥横写叱萝叶。
> 遥知汉地未有经，手牵白马绕天行。
> 龟兹碛西胡雪黑，大师冻死来不得。
> 地尽年深始到船，海里更行三十国。
> 行多耳断金环落，冉冉悠悠不停脚。
> 马死经留却去时，往来应尽一生期。
> 出漠独行人绝处，碛西天漏雨丝丝。

这首诗涉及佛教的内容有多处，在此由于论述主题不展开分析。该诗提到的多处地名以及物名，大致反映了印度佛教经西域传播至中原区域的过程。对这一过程，佛教史的研究成果有相关分析，"从魏晋开始，西域的中介地位逐渐突显，许多高僧来内地传教译经"②"由于北方长期战乱，五胡十六国许多统治者利用佛教来稳定自己的政权地位"③。在三教融合④的大背景下，不论统治者对佛教是何种态度，文学作品中有佛教的痕迹都是符合当时的文化背景的。北魏时期是佛教在中国发展的黄金时代，僧尼人数大增，伴随的是佛教设施的兴建，"岁久颓毁，遗基尚存，今悉加土为刹利灵图"发生于郦道元考察之时（"刹利"一词，清代赵一清在《水经注笺刊误》中认为，"刹利二字当倒互"⑤，按此解释，"刹利"应为"利刹"，明显是指寺院佛教），"今悉加

---

① 李红霞，贾建钢. 唐代司空曙、刘言史诗歌注释与研究［M］. 石家庄：河北教育出版社，2012：64.

② 崔峰. 入传、对话与突破：从鸠摩罗什入华传教看印度佛教向中国的输入［D］. 西安：西北大学，2013.

③ 李利安，崔峰. 南北朝佛教编年［M］. 西安：三秦出版社，2018. 还可参见：崔峰.《金刚经》与禅宗［M］//明生. 广东禅宗六祖文化节学术研讨会论文集. 广州：羊城晚报出版社，2013.

④ 戴长江，刘金柱. "前世为僧"与唐宋佛教因果观的变迁：以苏轼为中心［J］. 河北师范大学学报（哲学社会科学版），2006（3）：132-138.

⑤ 赵一清. 水经注释［M］. 台北：新文丰出版公司，1982.

土"显然是指北魏时期在后赵建武七年的基础上对其再次进行了增筑，这座宫殿遗存在佛教传播的背景下，具备了佛教场所的特点。这样看来，从东汉到北魏，一座王国宫殿就地位而言先后发生了三次改变。

附论四　蒲阴陉沿线区域一则汉代
水利史料考辨

　　蒲阴陉沿线区域涉及今海河水系的大清河流域的两条主要的支流——唐河、沙河，蒲阴陉的走向也与这两条河流密切相关。在梳理蒲阴陉有关史料的过程中，汉章帝时期的一则与水利有关的材料引起了著者的注意。与河北水利有关的研究成果如《河北省水利史概要》①《河北县城城墙史料集》②《海河流域历代水利碑文选》③等限于体例以及选择史料的时段等因素，对于河北的早期水利遗迹等关注不多，鉴于此，著者在此对于这则汉代的史料进行相关分析。

　　关于这则史料，《后汉书》有相关的记载，除此之外相关的注解对其也有展开的分析：

> 　　（建初三年）夏四月己巳，罢常山呼沱石臼河漕。<u>石臼，河名也，在今定州唐县东北。</u>时邓训上言此漕难成，遂罢之。<u>漕，水运也。</u>④

　　建初为汉章帝的第一个年号，建初三年夏四月，汉章帝停止了一项水利工程，这项水利工程全称为"常山呼沱石臼河漕"。材料中的画线部分为李贤等人的注解，从注解中可知，邓训上奏认为这项工程难度过大，难以最终完成，汉章帝采纳了邓训的建议。从这一过程来看，这项工程在建初三年夏四月之前已持续施工了一段时间，但由于遇到了困难或限于各种条件，难以在短时间内完工。基于此，汉章帝采纳了邓训的建议。李贤等人的注解中还明确了一点，

---

① 石玉璞，林荣. 河北省水利史概要［M］. 北京：地质出版社，2011.
② 戴建兵，胡景敏. 河北县城城墙史料集·华北府县历史文化［M］. 天津：天津古籍出版社，2021：18.
③ 杨学新，杨昊，李希源. 海河流域历代水利碑文选·华北学［M］. 北京：科学出版社，2020：82.
④ 范晔. 后汉书：卷三·肃宗孝章帝纪第三［M］. 北京：中华书局，2013：46.

即"石臼"为一条河，位于"今定州唐县东北"。结合李贤的注解可知，这项工程的目标应为连接几条河流，以便于连通其所在山区之间的水运（水运作为一种交通形式的形成是在春秋时期①）。关于地点问题，相关的材料可以比对：

> 中山国　高祖置。雒阳北一千四百里。十三城，……唐有中人亭。②
> 定州上　后汉中山国。后魏置安州，寻改为定州。……唐汉县，属中山国。旧治古公城，圣历元年，移于今所。③

对照东汉与唐代的行政区划，定州唐县这一基本情况没有变化。关于这处工程，《资治通鉴》对此也有分析，胡三省也有注解：

> 初，显宗之世，治滹沱、石臼河，从都虑至羊肠仓，欲令通漕。太原吏民苦役，连年无成，死者不可胜算。帝以郎中邓训为谒者，监领其事。训考虑隐括，知其难成，具以上言。夏，四月，己巳，诏罢其役，更用驴辇，岁省费亿万计，全活徒士数千人。训，禹之子也。④
> 贤曰：石臼河，在今定州唐县东北。郦道元注水经云：汾阳故城积粟所在，谓之羊肠仓，在晋阳西北；石带萦纡，若羊肠焉，故以为名。今岚州界羊肠坂是也。唐岚州宜芳县，本汉汾阳县，隋置岚城县，唐更名宜芳。杜佑曰：宜芳县有古秀容城，汉羊肠仓。余考水经注云：按司马彪郡国志，常山南行唐县有石臼谷，盖欲乘呼沱之水，转山东之漕，自都虑至羊肠仓，咸汾水以漕太原。又考郡国志，常山蒲吾县注引古今注曰：永平十年，作常山呼沱河蒲吾渠通漕船。又考班固地理志，太原郡上艾县注曰：绵曼水东至蒲吾入呼沱水。又蒲吾县注曰：大白渠水首受绵曼水，东南至下曲阳入斯洨。则知此漕自大白渠入绵曼水，自绵曼水转入汾水以达羊肠仓也。虑，音闾，杜佑曰：石臼河，在定州唐昌县。唐昌，汉苦陉县

---

① 崔承章. 中国交通史丛谈 [M]. 长春：吉林人民出版社，2001：18.

② 范晔. 后汉书：志第二〇·郡国二 [M]. 北京：中华书局，2010：3433.

③ 刘珣. 旧唐书：卷三九·地理中 [M]. 北京：中华书局，2010：681.

④ 司马光. 资治通鉴：卷四六·汉纪三八·"建初三年三月癸巳"条 [M]. 北京：中华书局，1957：1483.

也。①

两则材料分别是司马光的论述和胡三省的注解，从司马光的论述来看，虖沱、石臼两条河的治理在章帝之前已经展开，计划在此修建一条漕运的路线，从这一点来看，与李贤等人的注解相一致："漕，水运也。"但是在太行山区打通一条连接虖沱、石臼两条河的漕运路线难度很大，在建初三年之前已是"连年无成，死者不可胜算"，在此背景下有了邓训的调查以及相关上奏，最终的结果系工程终止，山间的相关运输采用辇运的形式。相关的人物传记对此事也有记载：

> 永平中，理呼沱、石臼河，从都虑至羊肠仓，郦道元《水经注》云，汾阳故城，积粟所在，谓之羊肠仓，在晋阳西北，石隥萦委，若羊肠焉，故以为名。今岚州界羊肠阪是也。石臼河解见《章纪》。欲令通漕。水运曰漕。太原吏人苦役，连年无成，转运所经三百八十九隘……前后没溺死者不可胜算。建初三年，拜训谒者，使监领其事。……知大功难立，具以上言。②

结合邓训传记的记载来看，在汉明帝永平年间，虖沱、石臼两条河的治理已经开始，截至建初三年，这项水利工程最少持续了四年。相对于司马光的论述，胡三省的注解内容更多，集中于相关的地名。从具体内容来看，胡注主要涉及三部书，郦道元《水经注》、司马彪《郡国志》、《汉书·地理志》，此外还有杜佑的两则论述。关于《水经注》的引用，胡注参考了李注，参见两则材料的画线部分对照。《水经注》的内容，胡氏并未质疑，但对于司马彪《郡国志》的记载，胡氏则进行了一番考论，集中于地名以及相关河流的走向，特别提到了"石臼谷"。按照胡氏的考证，这条漕运在建初年间已经初步完成，两条河流之间的运渠大体已凿通，"乘呼沱之水，转山东之漕"，但这条路线本身运输成本过高，这一点在邓训传记中有所体现，"转运所经三百八十九隘"。关于石臼河，其他的材料中也有描述：

---

① 司马光. 资治通鉴：卷四六·汉纪三八·"建初三年三月癸巳"条［M］. 北京：中华书局，1957：1483.

② 范晔.《后汉书》志：第二〇·郡国二［M］. 北京：中华书局，2010，684.

木刀沟……《寰宇记》：水出平山县之房山。一名石臼水，亦谓之鹿水。出行唐县东，入新乐县界，为木刀沟，亦名袈裟水。南流入滹沱河。《郡志》：沟在县南三十里，东注于沙河。①

沙河，在（定）州南。源发山西繁峙县东白坡头口，经曲阳入新乐，又东经州境而入保定府祁州界。②

蒲吾渠，在（平山）县西。亦曰蒲水。后汉明帝引而为渠。章帝建初三年，从邓训言，罢之。《后汉纪》：明帝治滹沱石臼河，从都卢至羊肠仓，欲令通漕太原，转运所经，凡三百八十九隘。前后没溢，不可胜算。《古今注》：后汉永平十年，作常山呼沱河蒲吾渠通漕。③

从这三则材料来看，石臼河的基本情况如下：石臼河源头为平山县，自西向东汇入沙河，沙河的主要流域系定州一带，从这一点来看，两条流向不一致的河流如要形成联通，必然只能借由人工工程，"转山东之漕"即此意。第三则材料中，顾祖禹的一则论述值得注意，"亦曰蒲水。后汉明帝引而为渠"，蒲水在定州北部，与沙河并不直接合流，按顾氏的解释，应是引蒲水为渠，在这则材料最后他引用《古今注》的观点，"作常山呼沱河蒲吾渠通漕"，上文《后汉书》的提法系"常山呼沱石臼河漕"，"石臼河漕"是否应为"蒲吾渠通漕"？（《古今注》系西晋崔豹所撰的一部以考证名物为主的博物类典籍，记载了魏晋以前的典章制度、民间传说等④。除了书籍内容之外，学术风气的变化也值得注意，晋代开始，出现了追溯事物原始的著述之风，继第一本追溯事物起源的书籍《古今注》之后，事始物原书籍就不断出现，不断发展⑤。溯源是《古今注》的特点，胡三省、顾祖禹二人重视此书的解释是有原因的）关于石臼河的解释，不论范晔还是李贤或司马光、胡三省，均认为系在唐县东北，其中李贤、司马光、胡三省三人的依据均是《水经注》，但在《水经注》涉及唐县的内容中，并没有关于石臼河的记载，关于石臼河的记载集中于滹沱河部分；在顾祖禹的记载中，虽然石臼河与沙河产生关联，但从方位上看仍在定州南部。胡注中对于蒲吾渠的表述虽有引用，但并未留意，他在表述中提到

---

① 顾祖禹. 读史方舆纪要：卷一四·北直五［M］. 北京：中华书局，2005：621.

② 同①619.

③ 同①611.

④ 崔伟芳.《古今注》考论［J］. 牡丹江师范学院学报（哲学社会科学版），2014（2）：72-73.

⑤ 黄小霞. 事始物原书籍研究：以唐宋为中心［D］. 成都：西南交通大学，2015.

了一则文献的先后顺序关系，"又考郡国志，常山蒲吾县注引古今注"，显然《古今注》一书司马彪也有引用。关于蒲水，有相关说明：

> 又有蒲水。《水经注》：蒲水出县西北蒲阳山，径蒲阴县北，下流合于濡水，又东入于博水。今故道多湮。①
>
> 濡水又东，得蒲水口，水出西北蒲阳山，（守敬按：《汉志》，蒲水出曲逆县蒲阳山。《元和志》，山在北平县西北四十里。今谓之白崖山，在完县西北。)②

结合相关的解释，蒲水为唐河的支流，在方位上显然能够与上文材料中的解释对应，"贤曰：石臼河，在今定州唐县东北"。在此，著者认为，在东汉时期，石臼河可能为唐河支流蒲水的一条支流，河流同名的情况并不少见，《水经注》在书写的过程中或由于自然原因等，没有重视这条支流。总之，石臼河作为唐河支流蒲水的一条支流，在方位上能够得到解释。漕运是王朝时期特有的一种运输方式，主要起着辅助天然河道，使各地联系更为密切的作用，天然河道与漕运互为补充，为各地区的物资供应传输提供了有力的保障③。不论"常山呼沱石臼河漕"还是"常山呼沱河蒲吾渠通漕"，其实质均为打通太行山东西两侧，以便于将关东区域的物资传输至山西一带的河道，但限于沿线地形地貌以及其他自然条件，漕运这种传输形式在太行山区域并不适用（山区的地质条件复杂，山区的河流地质条件更为复杂，是否能够进行工程建设需要综合考量④）。关于这则史料解释至此，还有一点可做延伸，东汉前期专卖的制度实施虽有反复（专卖系国家政权对某些特定产品的产运销全过程或部分环节实行垄断经营的制度，粮食虽不是常见的专卖物资，但其重要性在其之上。关于汉代专卖制度的基本情况，可参见相关研究成果⑤），但在总体方针上仍是施行：

> 《古今注》曰："建武六年六月，九年春，十二年五月，二十一年六

① 顾祖禹. 读史方舆纪要：卷一二·北直三 [M]. 北京：中华书局，2005：529.
② 杨守敬，熊会贞. 水经注疏：卷一一·滱水 [M]. 南京：江苏凤凰文艺出版社，2014：365.
③ 刘璐. 秦汉水运交通研究 [D]. 湘潭：湘潭大学，2020：20.
④ 崔冠英. 水利工程地质 [M]. 北京：中国水利水电出版社，1999：16.
⑤ 杨华星，缪坤和. 汉代专卖制度研究 [M]. 贵阳：贵州大学出版社，2011. 杨华星. 专卖制度与中国传统社会经济的发展 [C] //首届中国经济史博士后论坛论文集. 北京，2014：68.

月，明帝永平元年五月，八年冬，十一年八月，十五年八月，十八年三月，并旱。"①

由于自然灾害引起的粮食短缺问题在光武帝、明帝时期时有发生，跨区域的粮食调配必不可少，而粮食作为重要的物资，官方对其管控极为严格，在这种背景下，打通太行山区的漕运来调配粮食，也不失为一种有益的方式。虽然该漕运路线最终没有建设成功，但依然可以以传统的辇运方式运粮。

---

① 郦道元. 水经注疏：卷一一·滱水 ［M］. //杨守敬，熊会贞，谢承仁，等. 杨守敬集：第三册上. 武汉：湖北人民出版社，1997：796.

附论五　蒲阴陉沿线遗迹之蒲上祠小考

　　蒲阴陉作为太行八陉之一、沟通太行山东西两麓的古道，对沿线区域有所
影响。涉及太行八陉的材料中对于八条古道沿线的遗迹均有所记载，蒲阴陉亦
不例外。祠庙作为祭祀建筑，与民间信仰有直接关联，蒲上祠系蒲阴陉沿线的
一座祠庙，各种材料对其的记载均有所差异，在此做一对比分析。关于太行山
区域的祠庙，现有的研究成果有所关注，但关注的视角不尽相同，涉及民间仪
礼①、遗存祠庙的保护②等。相关的史料中关于蒲上祠的记载如下：

　　（蒲）水出西北蒲阳山，西南流，积水成渊，东西一百步，南北百余
步，深而不测。其水又东南流，水侧有古神祠，世谓之为百祠，亦曰蒲上
祠，所未详也。③

　　（蒲）水侧有古神祠，（会贞按：《地形志》，蒲阴县有安阳赤泉神，
疑赤为亭之误，谓下安阳亭，泉神，即此水侧神祠也。）世谓之为百祠，
亦曰蒲上祠，所未详也。④

　　结合《水经注》与《水经注疏》的记载，蒲水自蒲阳山发源，东南流出
一段距离之后有一座古祠庙，也称为蒲上祠，仅就郦道元的记载来看，并不确
定祠庙所供奉的为何山川之神，但蒲上祠的名称显然在北魏后期已经确定，即
郦道元所谓"古神祠"，"古"的界限没有说明，但结合已有的研究成果来看，
在两汉时期之前，与河神有关的民间信仰或祠庙已不在少数⑤。熊会贞对于

---

① 李晓东. 中国封建家礼［M］. 西安：陕西人民出版社，2002：8.
② 崔灿. 晋祠园林建筑历代演变研究［D］. 太原：山西大学，2018：21.
③ 郦道元. 水经注校：卷一一·滱水［M］. 王国维，校. 上海：上海人民出版社，1984：401.
④ 谢承仁. 杨守敬集（第三册上）·水经注疏：卷一一·滱水［M］. 武汉：湖北人民出版社，1997：
796.
⑤ 刘宇灿. 中古时期文本中的水神意象变迁：以《文选》为中心［D］. 泉州：华侨大学，2018：16.

"古神祠"的解释，史料来源系《地形志》，成书时间在《水经注》之后，但所记载的对象发存在于北魏至东魏时期，其中提到了"安阳赤泉神"，其中的"赤"字为"亭"字之误，这一点在此不展开分析，"泉神"显然与"水神"不冲突，亦符合蒲水一侧的实际情况。结合郦道元、熊会贞的记载，蒲水一侧的古神祠为水神祠应无问题，是否为蒲上祠则还存疑。关于"安阳"与"安阳亭"，著者在前文已有分析。关于这座水神祠的名称，著者认为蒲水沿线范围较广，神祠的名称可与地名有关亦可无关，但从水流向的角度分析，沿线的地名都有其命名的合理性。关于"蒲上"这一地名，方志有记载：

> 《旧志》：蒲水发源完县西北三十里道务村，流径县北又东南至故曲逆城，东南与曲逆水合。今县北有蒲上村蒲上社。[①]

结合方志的记载，这座泉神祠位于蒲上村符合蒲水的实际情况，作为蒲阴陉沿线的一座祠庙，至迟在北魏时期已长期存在。

---

① 郦道元. 水经注疏：卷一一·滱水［M］.//杨守敬，熊会贞，谢承仁，等. 杨守敬集：第三册上.武汉：湖北人民出版社、湖北教育出版社，1997：796.

附论六　前秦、后燕、丁零三方围绕蒲阴陉沿线区域的攻防

前秦、后燕均为十六国时期控制河北区域的政权，丁零为十六国时期南下的游牧民族，其南下与北撤路线必经河北区域。前秦、后燕、丁零三方除了在空间上存在交集，在时间上也存在交集，尤其在慕容垂建立后燕政权前后这段时间，三方势力围绕中山城（今河北定州）进行了激烈的攻防。蒲阴陉由于临近中山城，三方之间的攻防战不可避免地在其沿线区域展开，虽然相关的史料记载细碎，但也可进行梳理。现有的研究成果①对于前秦、后燕、丁零三方的战争有论述，但限于体例，并未深入展开，鉴于此，本部分内容即在材料梳理的基础上，对相关问题进行解读。

关于三个政权，除了整体性的专史之外，关键人物的研究成果值得重视②。三方的攻防，关键人物在其中起了重要作用。先看慕容垂的传记史料，《晋书·慕容垂传》有记载：

> 翟斌闻垂之将济河也，遣使推垂为盟主……垂引兵至荥阳，以太元八年自称大将军、大都督、燕王，承制行事，建元曰燕元。令称统府，府置四佐，王公已下称臣，凡所封拜，一如王者，以翟斌为建义大将军，封河

---

① 关于三个政权的专史，可分别参见：田立坤. 后燕史［M］. 北京：中国社会科学出版社，2018. 书中有专门章节论述政权的对外战争. 战争涉及前秦政权，可参见：蒋福亚. 前秦史［M］. 北京：北京师范大学出版社，1993. 丁零部分，可参见：段连勤. 丁零、高车与铁勒［M］. 桂林：广西师范大学出版社，2006.

② 关于人物部分，可参见：刘国石，高然. 二十世纪十六国政治史、人物、经济史、军事史研究综述［J］. 中国史研究动态，2007（8）：11-19. 高然. 屠本《十六国春秋》"四燕录"史料探源［J］. 古籍整理研究学刊，2013（3）：81-87. 刘国石，高然. 二十世纪中国大陆十六国史研究［C］//李凭. 魏晋南北朝史研究：回顾与探索：中国魏晋南北朝史学会第九届年会论文集. 武汉：湖北教育出版社，2009：47-66.

南王；翟檀为柱国大将军、弘农王。①

太元八年慕容垂建立政权，与前秦形成对峙之势，政权建立之初，丁零翟氏与慕容氏是结盟的形势。政权建立之初，核心区域并不在中山城一带，翟斌、翟檀的封号也可以说明这一点。河北南部区域距离前秦的核心区域缺少缓冲，对后燕而言，北上是明智之举。这一时期的政权处于割据的态势，但北上之后，后燕政权的建立即提上日程：

> 垂将有北都中山之意，农率众数万迎之。群僚闻慕容暐为符坚所杀，劝垂僭位。②

中山城的区位优势明显，尤其在军事方面，慕容垂本人对此也有认识。《读史方舆纪要》对于北都中山有评价："慕容垂之复燕也，规中山险固，从而都之。"③"险固"仅是整体性的评价，对于慕容垂而言，放弃了前燕时代的都城邺城，与当时后燕政权所面临的复杂局势息息相关④，定都于中山是将鲜卑慕容部统治核心区域由辽河流域转向河北地区，再向南转入传统中原区域的中间环节，从选择的角度来看，这无异于是"大棋局"，其中牵涉到的势力即是前秦与丁零。《晋书·慕容垂传》还有记载：

> 垂自新城北走，（刘）牢之追垂，连战皆败。又战于五桥泽，王师败绩，德及隆引兵要之于五丈桥，牢之驰马跳五丈涧，会符丕救至而免。⑤

这次追击战发生于后燕政权正式建立之前，在河北南部区域，前秦与慕容部已是胶着的态势。"垂定都中山……以太元十一年僭即位。赦其境内，改元曰建兴"⑥，随着后燕政权的正式建立，围绕着中山城周边区域的争夺不可避免，而中山城的重要性，前秦一方不会不知道。就丁零而言，虽然与慕容部有短暂的结盟，但慕容垂定都中山显然对丁零是有威胁的。关于中山城的战略地位，史料有如下解释：

---

① 房玄龄. 晋书：卷一二三·慕容垂载记［M］. 北京：中华书局，2005：3081.

② 同①3085-3086.

③ 顾祖禹. 读史方舆纪要：卷一四·北直五［M］. 北京：中华书局，2005：616.

④ 王新成. 后燕定都中山考［C］//"生态、社会与文明：华北区域历史文化"学术研讨会会议论文集. 保定，2022：367-382.

⑤⑥ 同①3086.

盖中山之去云、朔，仅隔一陉，从高而下，势若建瓴。既至中山，则出险就平，驰突较易。①

材料中提到的"一陉"即蒲阴陉，可见中山城（定州）向北，经过蒲阴陉即是草原区域，不论是慕容鲜卑部还是丁零，均是从草原南下至河北区域的，对于这条通道的重要性不会不清楚。后燕政权建立之时，丁零部即在中山城以东的承营区域，"翟真去承营，徙屯行唐"②，双方在承营有遭遇战，最终的结果是丁零撤至行唐一线。《资治通鉴》中有一则记载：

乐浪王温在中山，兵力甚弱，丁零四布，分据诸城；温谓诸将曰："以吾之众，攻则不足，守则有余。骠骑、抚军，首尾连兵，会须灭贼，但应聚粮厉兵以俟时耳。"于是抚旧招新，劝课农桑，民归附者相继，郡县壁垒争送军粮，仓库充溢。翟真夜袭中山，温击破之，自是不敢复至。温乃遣兵一万运粮以饷垂，且营中山宫室。③

丁零的威胁，在定都中山城之前是首要因素，但数量不多的守军打败了丁零的偷袭。从材料来看，中山城及其周边区域粮饷充足，作为后方基地是合适的，慕容垂是否从这一点考虑定都于此材料并没有解释，但相较邺城一带，显然中山城是有优势的。就慕容垂而言，虽然定都中山，但其主要的目标还是前秦："垂留其太子宝守中山，率诸将南攻翟辽，以楷为前锋都督。"④ 河北南部区域依旧是主攻的方向，对照《中国历史地图集（东晋十六国·南北朝时期）》前秦、后燕地图部分⑤，此时的后燕政权处于包围之中。苻氏父子的传记资料有相关的记载：

苻丕在邺粮竭，马无草，削松木而食之。会丁零叛慕容垂，垂引师去邺，始具西问。⑥
刘牢之至邺，慕容垂北如新城。邺中饥甚，丕率邺城之众就晋谷于枋

① 顾祖禹. 读史方舆纪要：卷一四·北直五 [M]. 北京：中华书局，2005：616.
② 房玄龄. 晋书：卷一二三·慕容垂载记 [M]. 北京：中华书局，2005：3086.
③ 司马光. 资治通鉴：卷一〇六 "太元十年夏四月乙酉" 条 [M]. 北京：中华书局，1957.
④ 同②3087.
⑤ 谭其骧，等. 中国历史地图集（东晋十六国·南北朝时期）[M]. 北京：中国地图出版社，1996.
⑥ 房玄龄. 晋书：卷一一四·苻坚传 [M]. 北京：中华书局，2005：1084.

头。牢之入屯邺城。慕容垂军人饥甚，多奔中山，……垂之本名。与丕相持经年。①

结合苻氏父子的传记资料可知，慕容垂与苻丕长期于河北地区相持，慕容垂的身份前后有变化，这一问题涉及鲜卑慕容部的早期发展②，在此不赘述。但两则材料反映了一个客观情况，河北南部区域，尤其是邺城区域，由于战争的影响，粮食的供给已近枯竭，不仅是军饷，甚至民户的生存都已受到影响（关于邺城区域人口变化的研究成果可以印证这一点③）。从慕容垂的角度，邺城的重要性不言而喻，但粮饷匮乏造成的军人的北逃影响了慕容垂的计划。虽然相较于邺城区域，中山城周边区域粮食供给相对充足，但现实的形势对于后燕一方来讲，并不乐观。《资治通鉴》有记载：

> 慕容农引兵会慕容麟于中山，与共攻翟真。麟、农先帅数千骑至承营，（帅，读曰率；下同。）观察形势。翟真望见，陈兵而出。诸将欲退，农曰：（丁零非不劲勇，而翟真懦弱，今简精锐，望真所在而冲之，真走，众必散矣，乃邀门而蹙之，可尽杀也。）使骁骑将军慕容国帅百余骑冲之，（骁，坚尧翻。骑，奇寄翻。）真走，其众争门，自相蹂藉，（藉，慈夜翻。）死者太半，遂拔承营外郭。④

丁零的兵力分布于中山城周边，主要兵力为翟真所部，承营一带还是主要的目标。慕容农、慕容麟合力攻击承营的外围，经过这一次打击，承营一带的丁零军基本溃退。在此之后，丁零内部发生分裂：

> 翟真自承营徙屯行唐，（即汉之南行唐县也，属常山郡。燕王垂趣中山，真为所逼，故徙屯。）真司马鲜于乞杀真及诸翟，自立为赵王。营人共杀乞，立真从弟成为主；其众多降于燕。⑤

溃逃至行唐一带的丁零残部，短时间内先后出现了两次内讧，最终的结果

---

① 房玄龄. 晋书：卷一一四·苻坚传［M］. 北京：中华书局，2005：1084.

② 刘国石，高然. 二十世纪十六国政治史、人物、经济史、军事史研究综述［J］. 中国史研究动态，2007（8）：11-19.

③ 陶文牛. 隋开皇大业年间户口盛衰考实［C］//首都师范大学历史系. 首都师范大学历史系建系四十周年纪念论文集（1954—1994）［M］. 北京：首都师范大学出版社，1995：64.

④⑤ 司马光. 资治通鉴：卷一〇六·"太元十年春正月甲寅"条［M］. 北京：中华书局，1957：2063.

即大部分投降后燕。在此之后，丁零不再对中山城周边区域构成威胁，"晋太元十年，慕容垂击丁零翟成于行唐，灭之"①。对于慕容垂来说，相对稳定的后方已经形成：

> 燕王垂驰使敕幽州将平规曰：（使，疏吏翻。）（固守勿战，俟吾破丁零自讨之。）规出战，为岩所败。（败，补迈翻。）岩入蓟，掠千余户而去，遂据令支。（令，音铃，又郎定翻。支，音祁。）癸酉，翟成长史鲜于得斩成出降。②

河北南部尤其邺城区域的前秦一方，由于战争的原因已是进退两难，慕容垂也没有完成既定的目标而最终北撤中山，"燕、秦相持经年，〔去年正月，垂攻邺。〕幽、冀大饥，人相食，邑落萧条"③，饥荒产生的原因不只是战争，但持续的战争会加剧饥荒的程序，人口数量的变化就是结果④。慕容垂自身对这一问题也有认识：

> 燕主垂北如中山，谓诸将曰：（乐浪王招流离，实仓廪，外给军粮，内营宫室，虽萧何之功，何以加之！）（乐浪王温之功详见上。汉高祖与项羽相拒，萧何镇抚关中，为之根本。）丙申，垂始定都中山。（杜佑曰：后燕都中山，今博陵郡唐昌县。）⑤

中山城的周边区域受到的战争影响相较于邺城区域要乐观，因为蒲阴陉起到了军事阻隔的作用，慕容垂此后的安排也体现了这一点，"建留台于龙城，以高阳王慕容隆录留台尚书事"⑥，通过蒲阴陉可以北退至草原一线，这条通道对于后燕政权的重要性不言而喻。

---

① 顾祖禹. 读史方舆纪要：卷一四·北直五 [M]. 北京：中华书局，2005：624.

② 司马光. 资治通鉴：卷一〇六"太元十年秋七月甲寅"条 [M]. 北京：中华书局，1957：2063.

③ 司马光. 资治通鉴：卷一〇六"太元十年夏四月乙卯"条 [M]. 北京：中华书局，1957：2063.

④ 陶文牛. 隋初户口考 [M] //首都师范大学史学研究编委员. 首都师范大学史学研究（第一辑）[M]. 北京：首都师范大学出版社，1999：16.

⑤ 司马光. 资治通鉴：卷一〇六·"太元十年十二月丙申"条 [M]. 北京：中华书局，1957：2063.

⑥ 房玄龄. 晋书：卷一二三·慕容垂载记 [M]. 北京：中华书局，2005：3087.

附论七 十六国后期蒲阴陉沿线之
唐城之战小考

　　太行山区域位于山西省与华北平原之间，纵跨四省，呈东北至西南走向，是中国地形第二阶梯的东缘，也是黄土高原和华北平原的天然分界线。太行山形势险峻，历来被视为兵家必争之地。蒲阴陉为太行八陉之第七陉，位于北部太行山边缘，除了南北主路（北起今河北省满城区以北，向南至满城区石井镇至河北省顺平县蒲上镇、蒲阳镇、高于铺镇至河北省望都县赵庄镇、河北省清苑区阳城镇一线①），其辐射的区域内也有部分遗址遗迹值得关注，唐县虽不是蒲阴陉直接经过的县域，但紧邻相关的县域（若从相关河流的走向来分析，唐县的部分区域与蒲阴陉沿线密切相关）。后燕、代国均为十六国、北朝时期控制河北部分区域的政权，双方围绕蒲阴陉沿线进行了激烈的攻防战，现有的围绕双方关键人物的研究成果对此均有所提及②。本文以唐城之战为例，对双方围绕蒲阴陉沿线区域的攻防战做进一步研究。

一、相关史料记载的唐城之战经过

　　唐城是唐县的一座古城遗迹，属于蒲阴陉沿线区域典型的军事遗存。围绕

---

① 崔玉谦. 蒲阴陉名称源流若干问题考论［C］//"生态、社会与文明：华北区域历史文化"学术研讨会会议论文集. 保定，2022.

② 关于人物部分，可参见：刘国石，高然. 二十世纪十六国政治史、人物、经济史、军事史研究综述［J］. 中国史研究动态，2007（8）：11-19. 高然. 屠本《十六国春秋》"四燕录"史料探源［J］. 古籍整理研究学刊，2013（3）：81-87. 刘国石，高然. 二十世纪中国大陆十六国史研究［C］//李凭. 魏晋南北朝史研究：回顾与探索——中国魏晋南北朝史学会第九届年会论文集［M］. 武汉：湖北教育出版社，2009.

这处遗存，十六国、北朝时期的后燕与代国发生过激烈的攻防战役。《读史方舆纪要》关于唐县，有一则材料：

（唐城）汉置唐县于此。晋太元九年，慕容垂将平规攻秦，幽州刺史王永屯于蓟南。故代将刘库仁遣其将公孙希救永，败规，进据唐城，即此城也。①

这则材料提供了几个关键信息，唐城即汉代的唐县；后燕慕容垂与刘库仁在此发生过战争②，后燕战败，唐城被刘库仁占领。关于汉代的唐县，相关的地理志材料各有记载：

中山国，高帝郡，景帝三年为国。……县十四……唐，尧山在南。莽曰和亲。③

中山国　高祖置。雒阳北一千四百里。十三城……唐有中人亭，《博物记》曰："堂关在中人西北百里，中人在县西四十里。"《列子》曰："赵襄子使新稚穆子攻翟，取左人、中人。"有左人乡。④

可见两汉时期唐县的建制都在中山国下辖。下面就是关于这场战役的相关记载，先看刘库仁的传记记载：

刘库仁字没根，独孤部人，……昭成皇帝复以宗女妻之，为南部大人。库仁尽忠奉事，不以兴废易节。……慕容垂围符丕于邺，又遣将平规攻坚幽州刺史王永于蓟。库仁遣妻兄公孙希助永击规，大破之。⑤

刘库仁为鲜卑独孤部、代国名将，昭成帝拓跋什翼犍的外甥，分统代国⑥

---

① 顾祖禹. 读史方舆纪要：卷一二·北直三 [M]. 北京：中华书局，2005：522.

② 关于后燕政权的对外战争，可参见：田立坤. 后燕史 [M]. 北京：中国社会科学出版社，2018：4. 书中有专门章节论述政权的对外战争. 战争涉及前秦政权，可参见：蒋福亚. 前秦史 [M]. 北京：北京师范学院出版社，1993：64.

③ 班固. 汉书：卷二八之下·地理志第八下 [M]. 北京：中华书局，1983：1064.

④ 范晔. 后汉书：志第二〇·郡国二 [M]. 北京：中华书局，2010：863.

⑤ 李百药. 北齐书：卷二〇·刘库仁传 [M]. 北京：中华书局，2008：264.

⑥ 关于代国的情况，可参见：杜世铎. 北魏史 [M]. 太原：北岳文艺出版社，2017. 关于北魏皇族，可参见：宋燕鹏. 北魏在南皇族考 [M] // 殷宪. 北朝研究（第1辑）. 北京：北京燕山出版社，2000：64.

期间为南部大人，任内安抚河东流民，照顾拓跋珪母子，并迎娶辽东公孙氏为妻。但刘库仁的传记并未提及作战的地点。再看传记材料中对于公孙希的相关记载：

> 库仁自以受坚爵命，遣妻兄公孙希率骑三千，助永击规，大破之，……乘胜长驱，进据唐城，与垂子麟相持。[①]

结合对于公孙希的记载，双方的交战地最初并不是唐城，是公孙希取胜后以唐城作为据点，与慕容麟形成了对峙。从这一点可以看出，唐城的军事地位比较重要，慕容麟先至于其周边即可说明。再看《资治通鉴》的相关记载：

> 库仁遣其妻兄公孙希帅骑三千救之，大破平规于蓟南，乘胜长驱，进据唐城。（章：十二行本"城"下有「与慕容麟相持」六字；乙十一行本同；孔本同；张校同；退斋校同。）（中山郡之唐县城也。）[②]

结合《资治通鉴》的记载，蓟南一带为公孙希获胜的地点，在此之后，他一路南下，将唐城作为其据点。胡三省的注解，除了版本差异之外，特别注明了"中山郡之唐县城"，显然公孙希的南下路线即蓟南至唐县一带，而这一条路线必定经过蒲阴陉。

二、关于唐城区域相关交战路线的分析

关于蓟南至唐县这一路线的具体情况，刘库仁的传记并未详述，但对照《中国历史地图集（东晋十六国·南北朝时期）》前秦、后燕地图部分[③]，蓟南与唐县是两个方向，《资治通鉴》前后的材料记载可以看出这条路线选择的重要性，时间是太元九年八月前后：

> （前）秦幽州刺史王永求救于振威将军刘库仁。（先是，秦盖授刘库

---

① 魏收. 魏书：卷二三·刘库仁传 [M]. 北京：中华书局，2018：264.

② 司马光. 资治通鉴：卷一〇五"太元九年八月庚寅"条 [M]. 中华书局，1957：2063.

③ 谭其骧，等. 中国历史地图集（东晋十六国·南北朝时期）[M]. 北京：中国地图出版社，1996：16.

仁振武将军。)①

长乐公丕遣宦者赜从仆射清河光祚（姓谱：光姓，燕人田光之后，秦末子孙避地，以光为氏。赜，而陇翻。从，才用翻。）将兵数百赴中山，与真相结。②

刘库仁闻公孙希已破平规，欲大举兵以救长乐公丕，发鴈门、上谷、代郡兵，屯繁畤。③

以上三则材料时间上均是太元九年八月前后，结合材料内容，前秦、后燕、丁零三方于蒲阴陉沿线已成对峙之势，围绕中山城（今河北定州）的争夺战已经开始，前秦幽州刺史王永准备南下支援前秦，刘库仁的兵力集中于代地（山西中北部）一带，公孙希获胜后南下亦是配合刘库仁与前秦。刘库仁的主要兵力在繁畤一带，若东进中山，唐城一带则是必经之路，这条路线的重要性也由此凸显。这条路线是燕山区域南下太行山区域的必经之路，鲜卑慕容部南下就是走的这一条路线。同时，从繁畤一带至太行山东麓，也是太行山东西两麓之间的必行之路。可以说在这一时期，几方势力的争夺目的虽不尽一致，但围绕各自争夺的区域，几条核心的路线均得到了重视。

---

① 谭其骧，等. 中国历史地图集（东晋十六国·南北朝时期）［M］. 北京：中国地图出版社，1996：16.

② 司马光. 资治通鉴：卷一〇五"太元九年冬八月庚寅"条［M］. 北京：中华书局，1957：2066.

③ 司马光. 资治通鉴：卷一〇五"太元九年冬十月乙丑"条［M］. 北京：中华书局，1957：2066.

附论八　后燕承营坞小考

关于后燕政权与周边少数民族的战争，已有的研究成果多关注北线区域，关于中山城的围城战（后期）也有所关注①，但其中的水战，则几乎没有涉及，故本文在此做些补充。后燕在此进行的水战，与交战区域有直接关系，也与交战对象有直接关系，例如后燕与丁零之间的追击战，追击区域涉及水域，承营坞作为一处地名就在此出现：

> 承营，在州境。《续通典》："定州东南有承营坞。"晋太元九年，后燕慕容楷追丁零翟真，自邯郸至于下邑。真兵败，北趣中山，屯于承营。楷复追之，为真所败。十年，慕容农攻拔承营外郭，既而真徙屯行唐，为其下所杀。②

从《读史方舆纪要》定州部分的记载来看，承营在定州州境范围内，顾祖禹引用《续通典》的记载，认为承营即是承营坞，关于地名，方志中也有记载：

> 承营（在州界，晋太元九年后燕慕容楷追丁零翟真，真战于下邑，屯于承营，宋白《续通典》定州东南有承营坞）。③
>
> 承营，在定州境，《晋书》载记太元九年后燕慕容楷追丁零翟真至于下邑，真败北趋中山屯于承营。《续通典》定州东南有承营坞。④

从两种方志的记载来看，承营本身是一处定居点，具备屯兵的条件，丁零即由于战败而屯兵于此。"承营坞"这一名称始自北宋时期，"坞"显然与水

---

① 田立坤. 后燕史［M］. 北京：中国社会科学出版社，2018：16.

② 顾祖禹. 读史方舆纪要：卷一四·北直五［M］. 北京：中华书局，2005：620.

③ 和珅. 大清一统志：卷一七［M］. 台北：景印文渊阁四库全书，1978：87.

④ 唐执玉. 畿辅通志：卷四三［M］. 台北：景印文渊阁四库全书，1978：64.

运有直接关系。后燕与丁零在此有过追击、遭遇战，最终的结果为后燕取得了胜利（关于这一时期丁零的研究成果，对于双方之间的战争有所涉及①）。关于战争的情况，下文再论。承营坞位于定州东南方向，按《续通典》的记载，关于定州境内的河道问题，相关材料有印证：

> 沙河，在州南。源发山西繁峙县东白坡头口，经曲阳入新乐，又东经州境而入保定府祁州界。……至蒲阴东六十二里会沙河，又东经边吴泊，入界河，以通漕舟，兼溉田，限戎马。时以为便。②

> 㴲水在州南。㴲音孤。来自阜平西山，旧由新乐县流入州界，今涸。晋隆安初，拓跋珪军鲁口，遣兵袭中山，入其郭。慕容麟追至㴲水，为珪所败。③

> 天井泽，州东南四十七里，周六十二里。《水经注》：㴲水历天井泽南，水流所播，遂为大泽。俗名天井淀。今涸。④

定州的东南方有相对丰富的水资源，河流、湖泊在中古时期都已存在，因此，有渡口或船坞也是符合自然地理情况的。从战争的角度来看，针对渡口或船坞展开军事上的争夺也就不可避免了。关于慕容楷追击翟真一事，相关的传记资料也有记载：

> （翟）斌怒，密应符丕，潜使丁零决防溃水。事泄，垂诛之。斌兄子真率其部众北走邯郸，引兵向邺，欲与丕为内外之势，垂令其太子宝、冠军慕容隆击破之。真自邯郸北走，又使慕容楷率骑追之，战于下邑，为真所败，真遂屯于承营。垂谓诸将曰："符丕穷寇，必守死不降。丁零叛扰，乃我腹心之患。吾欲迁师新城，开其逸路，进以谢秦主畴昔之恩，退以严击真之备。"于是引师去邺，北屯新城。⑤

丁零一方本就有水战的打算，但后燕一方已对此做了安排，最终丁零一方的计划没有得逞。关于承营坞，《资治通鉴》还有相关的记载，从材料上看，也是围绕这次战役：

---

① 具体可参见：曹永年. 古代北方民族史丛考［M］. 上海：上海古籍出版社，2012. 周国琴. 十六国时期太行山区丁零翟氏研究［D］. 呼和浩特：内蒙古师范大学，2003：64.
②③④ 顾祖禹. 读史方舆纪要：卷一四·北直五［M］. 北京：中华书局，2005：619.
⑤ 房玄龄. 晋书：卷一二三·慕容垂传［M］. 北京：中华书局，2005：817.

八月，翟真自邯郸北走，燕王垂遣太原王楷、骠骑大将军农帅骑追之，及（章：十二行本"及"上有"甲寅"二字；乙十一行本同；孔本同；张校同；退斋校同。）于下邑。楷欲战，农曰："士卒饥倦，且视贼营不见丁壮，殆有他伏。"楷不从，进战，燕兵大败。真北趋中山，屯于承营。（赢师示弱者，必有伏兵，众所通知也，然而往往堕其中而不自觉以致覆军者多矣。趋，七谕翻；下同。）①

可见承营（坞）一线对于双方来说，均为重要的屯兵地点。翟真以承营为据点，一度对地方局势产生了影响，仅从路线上看，慕容楷、慕容农是追着翟真打，直到承营一线，翟真才稳定下来，虽然是暂时的：

翟真在承营，与公孙希、宋敞遥相首尾。（公孙希，刘库仁所遣；宋敞，王永所遣。）长乐公丕遣宦者赜从仆射清河光祚（姓谱：光姓，燕人田光之后，秦末子孙避地，以光为氏。赜，而陇翻。从，才用翻。）将兵数百赴中山，与真相结。又遣阳平太守邵兴将数千骑招集冀州故郡县，与祚期会襄国。是时，燕军疲弊，秦势复振，（复，扶又翻。）冀州郡县皆观望成败，赵郡人赵粟等起兵柏乡以应兴。②

翟真在承营一线获得了一定的支持，而后燕一方经过一段时间的追击，逐渐成为疲惫之师。从地理的角度分析，承营位于定州的东南方向，虽然后燕的都城中山城即定州（今），但距离承营还是有距离的，除此之外，水运的便利也有利于丁零的继续北撤。《资治通鉴》中关于承营还有记载：

慕容农引兵会慕容麟于中山，与共攻翟真。麟、农先帅数千骑至承营，（帅，读曰率；下同。）观察形势。翟真望见，陈兵而出。诸将欲退，农曰："丁零非不劲勇，而翟真懦弱，今简精锐，望真所在而冲之，真走，众必散矣，乃邀门而蹙之，可尽杀也。"使骁骑将军慕容国帅百余骑冲之，（骁，坚尧翻。骑，奇寄翻。）真走，其众争门，自相蹈藉，（藉，慈夜翻。）死者太半，遂拔承营外郭。③

翟真自承营徙屯行唐，（即汉之南行唐县也，属常山郡。燕王垂趣中

---

① 司马光. 资治通鉴：卷一〇五·"太元九年八月庚寅"条 [M]. 北京：中华书局，1957：2063.
② 司马光. 资治通鉴：卷一〇五·"太元九年冬十月乙丑"条 [M]. 北京：中华书局，1957：2073.
③ 司马光. 资治通鉴：卷一〇六·"太元十年春正月甲寅"条 [M]. 北京：中华书局，1957：2082.

山，真为所逼，故徙屯。）真司马鲜于乞杀真及诸翟，自立为赵王。营人共杀乞，立真从弟成为主；其众多降于燕。（降，户江翻。）①

两则材料对应的时间分别是太元十年的春正月、夏四月，虽然翟真在承营一线进行了暂时的修整，但后燕的军队围攻承营，丁零一方显然抵挡不住。从春正月的这则材料看，承营具备一定的规模，还有城门并不是简单的屯兵之地，而是一座规模不小的城垒。翟真抵挡不住进攻，选择了南下，目的地为行唐。就方向而言，行唐位于定州的西北部，与承营是相反的方向：

> 行唐县，州西南九十里。南至府五十里，西至灵寿县四十五里。战国时赵邑。汉置南行唐县，属常山国。后汉因之，晋属中山国。后魏为行唐县。②

整体来看，后燕时期，承营（坞）为中山城东南部的一座营垒，具有水运的优势，因此后燕一方势必要将其控制。

---

① 司马光：资治通鉴：卷一〇六·"太元十年夏四月乙卯"条 [M]. 北京：中华书局，1957.
② 顾祖禹. 读史方舆纪要：卷一四·北直五 [M]. 北京：中华书局，2005：623-624.

附论九 赵一清《水经注释·补浤水》篇小考

赵一清为清代地理学家，赵氏继承家学，熟悉经史，擅长考证，其父赵昱、季父赵信为藏书家。赵一清在学术上的最大贡献在于《水经注》的再注，代表作为《水经注释》四十卷、《水经注笺刊误》十二卷。《四库全书总目提要》对其注释有评价："虽其中不免影附夸多，然旁引博证，颇为淹贯。订疑辨伪，是正良多。"① 全祖望于《水经注释》所作序言提及：

> 余爱之重之，忘其固陋，而为之释，释之云者，所以存朱氏之是，兼弼郦亭之违也。录取片长便成佳证，助之张目，足为快心。若夫笺有缪鳌，则削而投之，所遗漏则补之，别为刊误。②

赵著的特点在全氏看来，即是针对前人所作的刊误，全祖望对于此给予肯定。对于赵氏的注解在《清史稿》的评价中也有评价：

> 《水经注》传写讹夺，欧阳玄、王祎称其经、注混淆，祖望又谓道元注中有注。一清因从其说，辨验文义，离析之，使文属而语不杂。又《唐六典》注称桑钦所引天下之水百三十七，江、河在焉，今少二十一水。考《崇文总目》，《水经注》三十六卷，盖宋代已佚其五卷。此二十一水，即在所佚中。於是杂采他书，证以本注，得滏、洺等十八水。又分漂水、漯馀水，清、浊漳，大小辽水，增多二十一，与《六典》注合。为《水经注释》，又成《水经笺刊误》，以正朱谋□之失。③

---

① 金毓黻. 文溯阁四库全书总目提要［M］. 北京：中华书局，2014：64.
②③ 赵一清. 水经注释：卷一［M］. 台北：新文丰出版公司，1982：18.

可见赵一清除了对前人所注进行刊误，还考辨了宋代《崇文书目》所载《水经注》三十六卷。可知《水经注》原书至宋初已缺失五卷，而缺失的这五卷的内容即为当时通行本《水经注》所缺少的"二十一水"的相关内容，《水经注释》在相关卷目之后对此有所补充，《泒水》篇即为《滱水》内容后的补充。关于赵一清的补充内容，已有相关的研究成果①对其进行分析引用。关于《泒水》补篇的内容，具体如下：

> （赵）一清按：《水经》本有《泒水》篇，今失已矣。《寰宇记》：定州安喜县泒水下，引《水经注》云：泒水历天井泽南流所播为泽，俗名为天井淀。《初学记》引《水经注》云：定州泒水北流径大核山（大核山疑是大泒山之讹），大泒山在今阜平县西北五里，其东又有小泒山，以泒河所经得名。《说文》泒水出雁门，葰人戍夫山东北入海。按：《山海经》郭璞注曰："今滹沱水出雁门卤城县南武夫山，戍夫、武夫皆泰戏之一名。"顾祖禹曰："盖以滹沱为即泒水也，此说非是，盖泒水与滹沱同出一山耳，泒水源见说文尾，见本注其中所历之道仅有定州一语，较之他篇脱失尤甚。②

赵一清补充的内容集中于几个方面，首先是名称上的辨析，针对"泒水"的名称来历，赵一清引用《太平寰宇记》做出了解释。《太平寰宇记》的有关记载，《读史方舆纪要》也可以印证：

> 天井泽州东南四十七里，周六十二里。《水经注》：泒水历天井泽南，水流所播，遂为大泽。俗名天井淀。今涸。③

赵一清引用的为《太平寰宇记》安喜县条目下的关于泒水的记载，在赵氏看来，《水经》原书本有泒水条，但《水经注》有缺失，赵氏进行补充时，从名称上来看，时间较早的印证文献即《太平寰宇记》。在引用文字上，顾祖禹与赵一清一致。关于"泒"字的含义分析，赵氏引用《初学记》的记载，认为系水流经阜平县大泒山所致。关于泒水的流向，文献中有记载：

---

① 宫云维，任梦茹. 四库本《读四书丛说》考略［C］//新时代背景下的清学研究暨第六届中国四库学高层论坛会议论文集. 长沙：2021. 宫云维，陈淑蒂. 《四库全书总目提要·湘湖水利志》辩证［C］//孙竞昊，鲍永军. 浙江地方历史与文化学术研讨会论文集. 杭州：浙江大学出版社，2014.
② 赵一清. 水经注释：卷一一［M］. 台北：新文丰出版公司，1982：18.
③ 顾祖禹. 读史方舆纪要：卷一四·北直五［M］. 北京：中华书局，2005：619.

> 㴲水，在（定）州南。㴲音孤。来自阜平西山，旧自新乐县流入州界，今涸。①
>
> 㴲水，（新乐）县西南十里。旧自行唐县流入境，又东入定州界。②
>
> 㴲河，在（行唐）县西南。旧自阜平县流入县境，又东入新乐县，今涸。③

结合定州、新乐县、行唐县的三则材料，可知㴲水的基本流向系由西向东，尤其在行唐县条目下，写明系由阜平县流入。关于"㴲"字，顾祖禹认为即"孤"字，两字同音所致误写。再看阜平县条目下关于㴲水的记载：

> 㴲河 在（阜平）县北。《志》云：源发恒山，流经大㴲、小㴲二山而南，县治南有当城河流合焉。又县西五十里有胭脂河，县东五十里有平阳河，与县境班牛、鹞子诸河，悉流入于㴲河。旧东南流入行唐县界，今南流注于滹沱。④

㴲水是阜平县的主要河流，属于南北流向，根据《阜平县志》的记载，水源系恒山（北岳），在此之后向南系大㴲、小㴲二山。关于《阜平县志》的具体情况，顾祖禹没有明言，但应是明清之际的县志⑤。赵氏的补论对于《水经注》的内容起到了补充作用，值得重视。

---

① 顾祖禹. 读史方舆纪要：卷一四·北直五 [M]. 北京：中华书局，2005：619.

②③ 同①625.

④ 同①613.

⑤ 结合顾氏引用材料可知，也可从文献时代作参考，参见 2021 年在长沙举办的学术会议《新时代背景下的清学研究暨第六届中国四库学高层论坛会议论文集》之宫云维、任梦茹的文章《四库本〈读四书丛说〉考略》.

附论十　《清苑县草数碑铭记》定名异议辨析

《河北府县乡土碑刻辑录》① 一书中收录有一方《清苑县草数碑铭记》，这块碑刻仅有初步录文以及若干处注释，注释中并没有介绍碑刻的来源以及碑刻的图录情况（由于碑刻的形成时间，若干碑刻已很困难找到原碑，这块碑刻亦是如此；除此之外，碑刻的关键性信息亦缺乏，如立碑处与形成处等），经过对碑刻初步录文的研读，著者认为此块碑刻的定名存在异议，可做进一步探讨。碑刻初步录文如下：

清苑县草数碑铭记②

　　大清国初建立章程，自康熙年间，丁差上于地亩，并无杂项差徭篡人定例，此我皇上了惠元元之至意甚，盛典也。如清苑县驿草一事，向由县主凭市价采买，于百姓秋毫无犯。至乾隆年间，周县主苦其甚烦，遂发价于各村地方，每斤发京钱一文，向民□草一斤，亦只秋后一季。后因乾隆、嘉庆两次巡狩，县主令民多出草数，以办大差，而仓书籍此舞弊，□□春夏两季，以为常例。三季共合一百八十三万余斤，草数过多，遂有折价之说。其初，衙役开设草□，每斤京钱壹拾文，后增壹拾贰文，办理不善，改差仓书经官贰拾余年。不过每斤壹拾肆文、陆文；后又改差衙役后，办理草束，每斤增为贰拾肆文或参拾贰文。以至合县各村庄难以办理，遂攀拉绅士帮办草束。□士子不能专一勤学读书报国。<u>有白团村邑庠生刘元旋与百中村刘储芳绅士数拾人等，呈控县主，由府宪以至藩宪。蒙刘县主午峰讳恒，定为每斤贰拾肆文。自道光贰拾玖年春季起，民力拮据，犹不能完纳。</u>刘元旋遂赴京上控都察院，至随咨文到省，数月不能完案。刘元旋遣侄孙刘思义复赴京上控提督衙门，又随咨文到省质审赖贡生

---

①② 戴建兵，孙文阁. 河北府县乡土碑刻辑录［M］. 天津：天津古籍出版社，2016：18.

陈思义数拾绅士等屡次恳恩，由府宪以至都宪，蒙葛县主讳之□将草数减去壹成五分，有草条可证。自咸丰元年春季起，嗣后草数不长，勿许攀拉绅士帮办草来。□□士得以守分读书，黎民亦得以安居乐业，万民感恩。不尽（仅）修立祠堂，春秋祝祷焚香，又勒碑铭记。所以志草数草价，皆有定格，永怀二县主大人之鸿恩而百代不忘耳。

是为记。

清苑县儒学生员 刘元旋撰文

清苑县儒学生员 刘储芳书丹

清苑县儒学生员 张玉符篆额

大清咸丰元年　谷旦

石匠　　　　　任顺

从碑刻的基本内容来看，涉及的是税草问题。碑刻的形成时间为咸丰元年，检索《中国地方志联合目录》可知，清苑县相关县志年份在咸丰元年之后的是《同治（十二年）清苑县志》《民国（二十年）清苑县志》《民国（三十年）重订清苑县志》等。通过对相关方志资料的检索，发现这块碑刻没有收录在方志中（方志中对于碑刻的收录没有统一的标准）。税草问题属于地方性附加税问题，以唐中叶为分期，唐中叶之前的税收为租庸调制，而唐中叶之后的税收则主要以两税为主，在两税之外亦有附加之税。税草、脚钱、仓窖、裹束、加耗等，都是唐五代时两税之外的几种主要附加税[1]。至清代，附加税的税收结构并未发生实质性变化（据《大清会典事例》等政书所罗列，杂赋包括以课命名的有芦课，茶课，金银矿课，铜铁锡铅矿课，水银、硃砂、雄黄矿课，鱼课等；以税命名的有田房、契税、牙税、当税、落地税、牛猪羊等项杂税[2]等。具体到冀中平原区域，以白洋淀区域为例，苇席业[3]的发展带动了相关的税收的增长，对其所征之税亦是草税的一种），碑刻的内容对此也有反映"□□春夏两季，以为常例"，《河北府县乡土碑刻辑录》将其定名为"草数"，但在相关注释中并未解释何为"草数"，就此处而言，著者认为称之为"税草"或"驿草"更为恰当，碑刻内容对此也有说明，如"清苑县驿草一

---

① 陈茜. 唐五代税草问题述论 [D]. 西宁：青海师范大学，2015.

② 李瑚. 鸦片战争后二三十年间中国社会经济的变化 [M] // 李瑚. 中国经济史丛稿. 北京：中国文史出版社，2007.

③ 肖红松，王永源. 近代白洋淀地区的苇席业与民众生活 [J]. 史学集刊，2022（3）：88-98.

事，向由县主凭市价采买""周县主苦其甚烦，遂发价于各村地方，每斤发京钱一文，向民□草一斤，亦只秋后一季"等。

碑刻的内容以画线部分分为前后两部分，碑刻命名为"清苑县"，但结合画线部分强调为"白团村邑"，关于这处地名：

> 白团卫村在故阳城南四十里。石晋开运二年，败契丹于阳城。师还至白团卫村，契丹复至，遂大战于此，契丹败却，晋兵逐北二十余里。契丹散卒至阳城东南水上，稍复布列，晋人前击，皆渡水遁去。晋师还保定州。旧史作白檀卫村。①

对照地理志书，白团村系清苑县西南方向的村落，碑刻的内容虽然是论述清苑全县税草情况的变化，但碑刻缺少关键内容，即立碑处。碑刻的撰文者刘元旋系白团村生员，也是针对税草政策变化情况前后奔走的主要人员，"不尽（仅）修立祠堂，春秋祝祷焚香，又勒碑铭记"，这处祠堂系立碑处，但并未说明具体地点，参照祠堂所在地的特点，著者认为祠堂或立于白团村，结合地点以及内容的分析，碑刻命名为"清苑县税草碑记"或"清苑县驿草碑记"更为妥当。从碑文的内容来看，涉及的区域范围，系仅限于白团卫村一带还是清苑县全境，部分碑文虽有记载但未说明，"有白团村邑庠生刘元旋与百中村刘储芳绅士数拾人等，呈控县主"，因此有待进一步考察。

---

① 顾祖禹. 读史方舆纪要：卷一二·北直三 [M] 北京：中华书局，2005：511.

参考文献

一、古籍

[1]　司马迁. 史记［M］. 北京：中华书局，2013.

[2]　班固. 汉书［M］. 北京：中华书局，1983.

[3]　范晔. 后汉书［M］. 北京：中华书局，2010.

[4]　沈约. 宋书［M］. 北京：中华书局，1983.

[5]　房玄龄. 晋书［M］. 北京：中华书局，1993.

[6]　李延寿. 北史［M］. 北京：中华书局，1974.

[7]　李百药. 北齐书［M］. 北京：中华书局，1987.

[8]　魏收. 魏书［M］. 北京：中华书局，2018.

[9]　刘昫. 旧唐书［M］. 北京：中华书局，1983.

[10]　欧阳修. 新唐书［M］. 北京：中华书局，1983.

[11]　薛居正. 旧五代史［M］. 北京：中华书局，2005.

[12]　脱脱. 宋史［M］. 北京：中华书局，1977.

[13]　脱脱. 金史［M］. 北京：中华书局，1977.

[14]　脱脱. 元史［M］. 北京：中华书局，1977.

[15]　张廷玉. 明史［M］. 北京：中华书局，2005.

[16]　赵尔巽. 清史稿［M］. 北京：中华书局，2005.

[17]　顾祖禹. 读史方舆纪要［M］. 北京：中华书局，2005.

[18]　李吉甫. 元和郡县图志［M］. 上海：上海古籍出版社，1990.

[19]　乐史. 太平寰宇记［M］. 北京：中华书局，2015.

[20]　司马光. 资治通鉴［M］. 北京：中华书局，1956.

[21]　李焘. 续资治通鉴长编［M］. 北京：中华书局，2004.

[22]　杜佑. 通典［M］. 北京：中华书局，2012.

[23]　郑樵. 通志［M］. 北京：中华书局，1987.

[24]　马端临. 文献通考［M］. 北京：中华书局，2014.

[25]　阎若璩. 尚书古文疏证［M］. 上海：上海古籍出版社，2013.

[26]　左丘明. 左传［M］. 太原：三晋出版社，2008.

[27]　段玉裁. 说文解字注［M］. 杭州：浙江人民出版社，2017.

[28]　何焯. 义门读书记［M］. 北京：中华书局，1997.

[29]　谷梁赤. 春秋谷梁传［M］. 长沙：岳麓书社，2021.

[30]　郦道元. 水经注［M］. 上海：上海古籍出版社，1984.

[31]　杨守敬，熊会贞. 水经注疏［M］. 武汉：湖北人民出版社，1997.

［32］　萧统. 文选［M］. 台北：台湾影印文渊阁四库全书，1983.

［33］　颜师古. 汉书叙例［M］. 台北：台湾影印文渊阁四库全书，1983.

［34］　李贤. 明一统志［M］. 台北：台湾影印文渊阁四库全书本，1983.

［35］　和珅. 大清一统志［M］. 台北：台湾影印文渊阁四库全书本，1983.

［36］　唐执玉. 畿辅通志［M］. 台北：台湾影印文渊阁四库全书本，1983.

［37］　赵一清. 水经注释［M］. 台北：台湾影印文渊阁四库全书本，1982.

［38］　宋史全文［M］. 北京：中华书局，2016.

二、著作

［1］　马非百. 管子轻重篇新诠［M］. 北京：中华书局，1979.

［2］　漆侠. 秦汉农民战争史［M］. 北京：生活·读书·新知三联书店，1979.

［3］　祁龙威，华强. 戴震［M］. 扬州：江苏古籍出版社，1984.

［4］　保定地区交通局史志编纂委员会. 保定地区公路史［M］. 石家庄：河北人民出版社，1992.

［5］　石永士，王素芳，裴淑兰. 河北金石辑录［M］. 石家庄：河北人民出版社，1993.

［6］　米文平. 鲜卑史研究［M］. 郑州：中州古籍出版社，1994.

［7］　谭其骧. 中国历史地图集（原始社会·夏·商·西周·春秋·战国时期）［M］. 北京：中国地图出版社，1996.

［8］　谭其骧. 中国历史地图集（秦·西汉·东汉）［M］. 北京：中国地图出版社，1996.

［9］　谭其骧. 中国历史地图集（东晋十六国·南北朝时期）［M］. 北京：中国地图出版社，1996.

［10］　谭其骧. 中国历史地图集（宋辽金朝时期）［M］. 北京：中国地图出版社，1996.

［11］　韩瑞常，段光达，崔广彬. 东北亚史与阿尔泰学论文集［M］. 哈尔滨：黑龙江教育出版社，1996.

［12］　崔乃夫. 中国地名大辞典：第一卷［M］. 北京：商务印书馆，1999.

［13］　崔冠英. 水利工程地质［M］. 北京：中国水利水电出版社，1999.

［14］　崔枢华，何宗慧. 标点注音《说文解字》［M］. 北京：北京师范大学出版社，2000.

［15］　吕苏生. 河北通史（秦汉卷）［M］. 石家庄：河北人民出版社，2000.

[16]　李晓东. 中国封建家礼［M］. 西安：陕西人民出版社，2002.

[17]　崔恒升. 中国古今地理通名汇释［M］. 合肥：黄山书社，2003.

[18]　魏隽如. 中国历史与文化（历史纪年部分）［M］. 北京：中国社会出版社，2005.

[19]　杨倩如. 汉书学史（现当代卷）［M］. 北京：中华书局，2005.

[20]　定州市旅游文物局. 中山王汉墓出土黄肠石题刻精拓百品［M］. 北京：文物出版社，2005.

[21]　段连勤. 丁零、高车与铁勒［M］. 桂林：广西师范大学出版社，2006.

[22]　肖瑞玲，等. 明清内蒙古西部地区开发与土地沙化［M］. 北京：中华书局，2006.

[23]　崔承章. 中国交通史丛谈［M］. 长春：吉林人民出版社，2001.

[24]　宋杰. 两魏周齐战争中的河东［M］. 北京：中国社会科学出版社，2006.

[25]　郑天挺. 中国历史大辞典［M］. 上海：上海辞书出版社，2007.

[26]　李瑚. 中国经济史丛稿［M］. 北京：中国文史出版社，2007.

[27]　严耕望. 唐代交通图考（河东河北区）［M］. 上海：上海古籍出版社，2007.

[28]　郑岩，崔广彬. 旅游资源概论［M］. 哈尔滨：黑龙江人民出版社，2007.

[29]　王水照，崔铭. 欧阳修传：达者在纷争中的坚持［M］. 天津：天津人民出版社，2008.

[30]　王静爱，左伟. 中国地理图集［M］. 北京：中国地图出版社，2009.

[31]　朱绍侯，王育济，齐涛. 中国古代史（上）［M］. 福州：福建人民出版社，2010.

[32]　曾贻芬，崔文印. 中国历史文献学史述要［M］. 北京：商务印书馆，2010.

[33]　刘明生. 中国自然地理图集［M］. 北京：中国地图出版社，2011.

[34]　石玉璞，林荥. 河北省水利史概要［M］. 北京：中国环境出版社，2011.

[35]　杨华星，缪坤和. 汉代专卖制度研究［M］. 贵阳：贵州大学出版社，2011.

［36］　曹永年. 古代北方民族史丛考［M］. 上海：上海古籍出版社，2012.

［37］　李红霞，贾建钢. 唐代司空曙、刘言史诗歌注释与研究［M］. 石家庄：河北教育出版社，2012.

［38］　李利安，崔峰. 南北朝佛教编年［M］. 西安：三秦出版社，2018.

［39］　金毓黻. 文溯阁四库全书总目提要［M］. 北京：中华书局，2014.

［40］　王尚义，张慧芝. 历史流域学论纲［M］. 北京：科学出版社，2014.

［41］　戴建兵，孙文阁. 河北府县乡土碑刻辑录［M］. 天津：天津古籍出版社，2016.

［42］　杜世铎. 北魏史［M］. 太原：北岳文艺出版社，2017.

［43］　崔冠华. 阎若璩与丁若镛古文《尚书》考辨比较研究［M］. 秦皇岛：燕山大学出版社，2016.

［44］　米晓燕. 魏末儒玄思潮与文学关系研究［M］. 大连：辽宁师范大学出版社，2016.

［45］　米玲. 宋代以来定州经济发展研究［M］. 北京：人民出版社，2016.

［46］　崔金星. 河北地名文化［M］. 石家庄：河北教育出版社，2017.

［47］　田立坤. 后燕史［M］. 北京：中国社会科学出版社，2018.

［48］　谷更有，史广峰. 太行山东麓的古村落及其历史文化研究：以井陉县域为中心［M］. 北京：中国社会科学出版社，2020.

［49］　杨学新，杨昊，李希源. 海河流域历代水利碑文选［M］. 北京：科学出版社，2020.

［50］　蒋福亚. 前秦史［M］. 北京：社会科学文献出版社，2020.

［51］　崔永红. 文成公主与唐蕃古道［M］. 西宁：青海人民出版社，2021.

［52］　李广洁，王杰瑜. 河山之间：太行、黄河、长城构架的山西［M］. 太原：三晋出版社，2021.

［53］　戴建兵，胡景敏. 河北县城城墙史料集［M］. 天津：天津古籍出版社，2021.

［54］　潘新宇. 易水访碑记［M］. 保定：河北大学出版社，2021.

［55］　王伟，马振琪. 定州碑刻辑录［M］. 石家庄：河北人民出版社，2022.

［56］　夏自正. 燕赵历史文化概览［M］. 石家庄：河北人民出版社，2023.

三、期刊及论文

［1］　　田人隆. 西汉武帝时期的流民问题和农民起义［C］//《中国农民战争

史论丛》编辑委员会. 中国农民战争史论丛. （第 2 辑）郑州：河南人民出版社，1980.

[2] 崔恒升. 地名审定与方志编纂［J］.《安徽史学》，1983（8）：31-34.

[3] 曹尔琴. 河北省及北京市、天津市古今县释名［J］. 中国历史地理论丛，1985（1）：48-75.

[4] 正问渔. 训诂学的研究与应用［M］. 呼和浩特：内蒙古人民出版社，1986.

[5] 漆侠. 契丹斡鲁朵（宫分）制经济分析：辽社会经济结构研究之一［J］. 河北大学学报（哲学社会科学版），1989（4）：1-8.

[6] 高申东. 契丹夷离堇考述［C］//邓广铭，漆侠，等. 宋史研究论文集（一九八七年年会编刊）. 石家庄：河北教育出版社，1989.

[7] 崔枢华.《尔雅义疏》王删说献疑［C］//北京师范大学中文系学术之声论文集. 北京，1990.

[8] 崔振岚. 关于辽朝的社会性质及其封建化进程问题研究综述［J］. 昭乌达蒙族师专学报（汉文哲学社会科学版），1990（2）：18-22.

[9] 米文平. 森林民族文化述论［M］//陈秋祥，姚申，董淮平. 中国文化源. 上海：百家出版社，1991.

[10] 漆侠. 宋太宗第一次伐辽：高梁河之战—宋辽战争研究之一［J］. 河北大学学报（哲学社会科学版），1991（3）：1-9.

[11] 漆侠. 宋太宗雍熙北伐：宋辽战争研究之二［J］. 河北学刊，1992（2）：79-87.

[12] 漆侠. 辽国的战略进攻与澶渊之盟的订立：宋辽战争研究之三［J］. 河北大学学报（哲学社会科学版），1992（3）：1-11.

[13] 陶文牛. 东汉人口增长和减少的演变：《续汉书·郡国志》户口资料研究之一［J］. 山西大学学报（哲学社会科学版），1993（1）：80-85.

[14] 陶文牛. 隋开皇大业年间户口盛衰考实［M］//首都师范大学历史系建系四十周年纪念论文集（1954—1994）. 北京：首都师范大学出版社，1995.

[15] 曹书杰. 王隐家世及其《晋书》［J］. 史学史研究，1995（2）：23-30.

[16] 谢放. 抗战时期四川小农经济与社会变迁［C］//中国近代史学会论文集. 台北，1995.

[17]　王尚义. 刍议太行八陉及其历史变迁［J］. 地理研究，1997（6）：102-111.

[18]　陶文牛. 隋初户口考［M］//《首都师范大学史学研究》编委员. 首都师范大学史学研究（第一辑）. 北京：首都师范大学出版社，1999.

[19]　杨倩描. 论北宋前期"北强南弱"文化格局产生的原因［J］. 河北学刊，1999（2）：99-102.

[20]　宋燕鹏. 北魏在南皇族考［M］//中国魏晋南北朝史学会大同平城北朝研究会. 北朝研究（第1辑）. 北京：燕山出版社，2000.

[21]　谢放. 农村商品经济的发展与经济结构的变动［M］//彭朝贵，王炎. 清代四川农村社会经济史. 成都：天地出版社，2001.

[22]　魏隽如. 保定市县域名的历史地理与文化特征研究［J］. 保定师范专科学校学报，2001（1）：99-102.

[23]　马固钢.《后汉书》考释四则［J］. 石家庄师范专科学校学报，2002（3）：18-20.

[24]　马固钢. 谈《汉书补注》的吸收前人成果［J］. 石家庄师范专科学校学报，2002（1）：46-47.

[25]　汪圣铎. 宋代军的再研究［M］//云南大学中国经济史研究所，云南大学历史系. 李埏教授九十华诞纪念文集. 昆明：云南大学出版社，2003.

[26]　孙继民. 战国赵信都地望考［M］//孙继民，郝良真. 先秦两汉赵文化研究. 北京：方志出版社，2003.

[27]　汪圣铎，孟宪玉. 宋真宗的潜邸旧臣考论［J］. 安徽师范大学学报（人文社会科学版），2004（6）：655-659.

[28]　黄繁光. 宋真宗河北边防战守策略的几个问题［C］//澶渊之盟一千周年国际学术研讨会论文集. 濮阳，2004.

[29]　王尚义，牛俊杰，任世芳. 论晋商商贸活动的地理区域划分及扩展机制［C］//历史环境与文明演进：2004年历史地理国际学术研讨会论文集. 西安，2004.

[30]　胡铁球. 扩张与萎缩：我国古代北方游牧民族农业生产的特点（上）［J］. 宁夏大学学报（人文社会科学版），2004（4）：8-13.

[31]　胡铁球. 扩张与萎缩：我国古代北方游牧民族农业生产的特点（下）［J］. 宁夏大学学报（人文社会科学版），2005（4）：32-36.

［32］ 张邦炜，杜桂英. 论北宋前期的都部署问题［J］. 四川师范大学学报（社会科学版），2005（2）：86-94.

［33］ 应三玉.《史记集解》考［J］. 古籍整理研究学刊，2005（2）：42-47.

［34］ 石冬梅. 再论隋炀帝的巡狩［J］. 保定师范专科学校学报，2005（3）：73-77.

［35］ 胡坤. 符氏家族与宋初政治［M］//姜锡东，李华瑞. 宋史研究论丛（第6辑）. 保定：河北大学出版社，2005.

［36］ 姜锡东，王钟杰. 宋代的武臣县尉［J］. 河北大学学报（哲学社会科学版），2006（3）：1-6.

［37］ 戴长江，刘金柱. "前世为僧"与唐宋佛教因果观的变迁：以苏轼为中心［J］. 河北师范大学学报（哲学社会科学版），2006（3）：132-138.

［38］ 崔曙庭. 张舜徽先生《汉书艺文志通释》的目录学成就［M］//中国历史文献研究会. 大连图书馆：典籍文化研究. 沈阳：万卷出版公司，2007.

［39］ 李瑚. 鸦片战争后二三十年间中国社会经济的变化［M］//李瑚. 中国经济史丛稿. 北京：中国文史出版社，2007.

［40］ 郭东旭，王轶英. 北宋河北沿边的寨铺建设述略［M］//姜锡东，李华瑞. 宋史研究论丛（第8辑）. 保定：河北大学出版社，2007.

［41］ 田雁. 宋代地方行政体制中的县级军［J］. 湖北行政学院学报，2007：219-221.

［42］ 汪圣铎，孟宪玉. 澶渊之盟中被忽视的功臣［M］//张希清，田浩，穆绍珩，等. 澶渊之盟新论. 上海：上海人民出版社，2007.

［43］ 杨倩描. "燕赵自古多慷慨悲歌之士"散议［M］//河北省历史文化研究发展促进会. 燕赵文化论粹. 石家庄：河北人民出版社，2007.

［44］ 刘国石，高然. 二十世纪十六国政治史、人物、经济史、军事史研究综述［J］. 中国史研究动态，2007（8）：11-19.

［45］ 汪圣铎，张赫. 宋代保州宗室论述［M］//王少棠，李新锁. 宋太祖故里与宋祖陵. 北京：中国档案出版社，2008.

［46］ 杨倩描，徐立群. 北宋前期冀州藉武将述论［C］//河北省"九州之首：冀州"历史文化研讨会会议论文集. 冀州，2008.

［47］ 田雁. 宋代军使与非直隶军［J］. 北京行政学院学报，2008（1）：108-

112.

［48］ 李俊方. 两汉皇帝巡幸礼仪的政治属性［J］. 学术界，2008（4）：118-122.

［49］ 邱茜. 读正定出土《敕文札子碑》记［C］//黑水城汉文文献与唐宋金元史学术研讨会会议论文集. 石家庄，2008.

［50］ 曹永年. 翁万达削籍考：兼论庚戌城下之盟与明世宗的心态［M］//赵毅，秦海滢. 第十二届明史国际学术研讨会论文集. 大连：辽宁师范大学出版社，2009.

［51］ 刘国石，高然. 二十世纪中国大陆十六国史研究［M］//李凭. 魏晋南北朝史研究：回顾与探索：中国魏晋南北朝史学会第九届年会论文集. 武汉：湖北教育出版社，2009.

［52］ 张祖群，王子杰，崔旭. 京津冀区域旅游竞合模式初步研究［C］//中国道路：理论与实践：第三届北京中青年社科理论人才"百人工程"学者论坛论文集. 北京，2009.

［53］ 崔俊辉，吴忱. 河北山地地貌面与农业开发利用［C］//中国地理学会百年庆典论文集. 北京，2009.

［54］ 高海生，季娜娜. 河北南部对接环京津休闲旅游产业带研究：河北省旅游高层论坛（磁县）研讨会综述［J］. 经济论坛，2009（8）：85-87.

［55］ 米玲，王彦岭. 北宋定州军事特质农业发展管窥［J］. 河北大学学报（哲学社会科学版），2009（3）：28-32.

［56］ 宋燕鹏，高楠. 由籍贯看东魏文士的地理分布［J］. 河南科技大学学报（社会科学版），2009（1）：19-24.

［57］ 高海生，张葳，从佳琦. 环京津休闲旅游产业带建设对环京津贫困带经济发展的影响力分析［C］//京津冀区域协调发展学术研讨会论文集. 北京，2009.

［58］ 谢放的. 清代四川农村商品经济的发展与经济结构的变迁［M］//陈锋. 中国经济与社会史评论（2010 年卷）. 武汉：武汉大学出版社，2011.

［59］ 魏隽如，汤倩. 高阳地名与文化［J］. 保定学院学报，2010（2）：127-133.

［60］ 贾文龙，潘丽霞. 南宋县级审判体制改良述议［M］//姜锡东，丁建

军. 中华文明的历史与未来国际学术研讨会论文集. 保定：河北大学出版社，2010.

［61］ 杨倩描. 宋代检校官的源流及其嬗变［M］//姜锡东. 宋史研究论丛（第十二辑）. 保定：河北大学出版社，2011.

［62］ 王晓波. 高梁河战役后的宋辽三战［M］//王晓波. 宋辽战争论考. 成都：四川大学出版社，2011.

［63］ 王尚义，李玉轩，马义娟. 从历史流域研究审视历史地理学的时代使命［C］//地理学核心问题与主线：中国地理学会 2011 年学术年会暨中国科学院新疆生态与地理研究所建所五十年庆典论文集. 乌鲁木齐，2011.

［64］ 宋燕鹏，冯磊. 东魏北齐冀州刺史系年考［J］. 兰台世界，2011（28）：135-139.

［65］ 张祖群. 试论首都经济圈内部（晋—京津冀）的空间联系与文化变迁：基于"太行八陉"线路文化遗产之概念［C］//京津冀晋蒙区域协作论坛论文集. 北京，2012.

［66］ 杨善群. 评阎若璩的二难推理：《尚书古文疏证》研究之二［M］//北京大学儒藏编纂与研究中心. 儒家典籍与思想研究（第 4 辑）. 北京：北京大学出版社，2012.

［67］ 范立舟，臧俊改. 阎若璩《尚书古文疏证》的学术价值及其思想史意义［M］//单纯. 国际儒学研究（第 19 辑）. 北京：九州出版社，2012.

［68］ 顾宏义，郑明. 宋辽徐河之战及其影响［M］//辽金史论集（第十二集）》. 长春：吉林大学出版社，2012.

［69］ 米晓燕. 论"建安又七子"［J］. 文艺评论，2012（12）：106-110.

［70］ 杨倩描. 北宋《真定府洪济禅院敕文札子碑》考析［J］. 河北大学学报（哲学社会科学版），2012（6）：36-42.

［71］ 秦铁柱. 中山靖王诸子侯国［J］. 赤峰学院学报（汉文哲学社会科学版），2012（12）：15-18.

［72］ 丁建军，王轶英. 宋辽对峙成就的一座历史名城：北宋之雄州［M］//. 姜锡东. 华北区域历史变迁国际学术研讨会论文集. 保定：河北大学出版社，2012.

［73］ 王茂华. 古代长沙筑城考［M］//姜锡东. 漆侠与历史学：纪念漆侠

先生逝世十周年文集. 保定：河北大学出版社，2012.

[74] 王轶英. 北宋澶渊之盟前的河北军事防御区域 [J]. 河北大学学报（哲学社会科学版），2012（1）：25-29.

[75] 崔俊辉，崔建军. 河北省地级市域次中心城市发展探讨 [C] //城市发展与区域环境演变：中国地理学会 2013 年（华北地区）学术年会论文集. 天津，2013.

[76] 谷更有. 唐代的村坊制与行政村的设立 [M] //谷更有. 唐宋时期的乡村控制与基层社会. 天津：天津古籍出版社，2013.

[77] 崔峰.《金刚经》与禅宗 [M] //明生. 广东禅宗六祖文化节学术研讨会论文集. 广州：羊城晚报出版社，2013.

[78] 高然. 屠本《十六国春秋》"四燕录" 史料探源 [J] 古籍整理研究学刊，2013（3）：81-87.

[79] 杨华星. 专卖制度与中国传统社会经济的发展 [C] //首届中国经济史博士后论坛论文集. 北京，2014.

[80] 小泽贤二.《史记正义》佚文在日本之传存 [J]. 信阳师范学院学报（哲学社会科学版），2014（1）：5-9.

[81] 贾文龙. 序迁与破资：宋朝州级属官群体的司法职能评价 [J]. 保定学院学报，2014（1）：1-6.

[82] 付志杰，李俊芳. 汉代大朝会相关问题研究 [J]. 商丘师范学院学报，2014（7）：43-46.

[83] 王轶英，史改侠，李娜. 宋辽战争中武将的便宜行事权 [J]. 赤峰学院学报（哲学社会科学版），2014（7）：14-17.

[84] 宫云维，陈淑蒂.《四库全书总目提要·湘湖水利志》辩证 [M] //孙竞昊. 浙江地方历史与文化学术研讨会论文集. 杭州：浙江大学出版社，2014.

[85] 崔伟芳.《古今注》考论 [J]. 牡丹江师范学院学报（哲学社会科学版），2014（2）：72-73.

[86] 张润泽，董寅生. 山西和顺有座赵简子城：赵氏遗迹山西行之四 [M] //李廷芝，谢占杰，王丽娜. 石勒故里在和顺. 太原：山西人民出版社，2015.

[87] 崔助林. 秦始皇废封建、行郡县的治国思想探析 [J]. 史志学刊，2015（6）：5-7.

［88］ 丁建军，张婷. 欧阳修与河北［M］//刘云军，丁建军. 保定宋辽历史文化遗产及其开发研究. 保定：河北大学出版社，2015.

［89］ 丁建军，赵寅达. 宋太宗朝军功虚报现象钩沉：以土墱寨、唐河、徐河三次战斗为考察中心［J］. 河北学刊，2016（4）：61-65.

［90］ 杨倩描. 关于重建古北岳庙的建议［M］//曹保刚. 智库的建言. 石家庄：河北人民出版社，2016.

［91］ 杨倩描. 北魏王朝与涿鹿黄帝庙祭［M］//李阳，张生海. 三祖文化论坛汇编. 北京：中国社会科学出版社，2016.

［92］ 孙继民，张润泽. 秦赵阏与之战实地考［M］//秦始皇兵马俑博物馆. 秦俑博物馆开馆三十周年国际学术研讨会暨秦俑学第七届年会会议论文集. 西安：三秦出版社，2016.

［93］ 丁建军，原朝. 欧阳修奉使河东考论［J］. 河北大学学报（哲学社会科学版），2016（3）：8-15.

［94］ 崔士岚. 《涑水记闻》中的宋辽关系［J］. 辽宁工程技术大学学报（社会科学版），2016（2）：133-138.

［95］ 米晓燕. 曹丕战争诗与政治家素养的形成［J］. 古典文学知识，2017（2）：34-42.

［96］ 宫云维，王红伟. 萧山地方文献未刊题跋二则［M］//中国历史文献研究会. 历史文献研究（第40辑）. 上海：华东师范大学出版社，2017.

［97］ 宫云维，戴颖琳. 文澜阁《四库全书》研究之回顾与反思［M］//陈晓华. 四库学（第二辑）. 北京：社会科学文献出版社，2017.

［98］ 宫云维. 中国大陆地区区域史研究的历程及其特征［C］//"江南区域环境与社会变迁"学术研讨会会议论文集. 杭州，2018.

［99］ 高江涛. 商代经略晋南的交通道路初探［C］//殷墟科学发掘90周年纪念大会暨殷墟发展与考古论坛论文集. 安阳，2018.

［100］ 邢培顺，王明东. 刘裕北伐僚属地志作品考论［J］. 古籍整理研究学刊，2018（2）：1-4.

［101］ 武黎嵩. 始推阴阳、为儒者宗：董仲舒"春秋决狱"的"忍杀"一面：西汉中期淮南、衡山之狱探微［J］. 复旦政治哲学评论，2018（2）：247-260.

［102］ 宫云维，陶首江. 《书传会选》跋考释［M］//上海社会科学院《传

统中国研究集刊》编辑委员会. 传统中国研究集刊（第 19 辑）. 上海：上海社会科学院出版社，2018.

[103] 王慧杰，薛志清. 宋辽使臣与雄州印象 [J]. 河北北方学院学报（社会科学版），2018（6）：25-30.

[104] 高江涛. 洛阳盆地与晋南早期交通道路之"轵关陉道" [J]. 中原文物，2019（3）：38-46.

[105] 陈星，张世祎，薛志清. 北宋定州军事地位探析 [J]. 河北北方学院学报（社会科学版），2019（6）：48-52.

[106] 崔俊辉，董鑫. 白洋淀芦苇生态功能与经济发展研究 [J]. 石家庄铁道大学学报（社会科学版），2020（3）：34-38.

[107] 谷更有. 中国古代乡村社会的权力体系论略 [J]. 中国史研究动态，2021（2）：23-27.

[108] 田晓平，高海生，沈和江，等. 红色精神谱系教育传承标准化理论研究与实践探索 [C] //第十八届中国标准化论坛会议论文集. 石家庄，2021.

[109] 崔智博.《战国文字字形表》金文部分订补 [M] //臧克和. 中国文字研究（第 34 辑）. 上海：华东师范大学出版社，2021.

[110] 宫云维，任梦茹. 四库本《读四书丛说》考略 [C] //新时代背景下的清学研究暨第六届中国四库学高层论坛会议论文集. 长沙，2021.

[111] 肖红松，王永源. 近代白洋淀地区的苇席业与民众生活 [J]. 史学集刊，2022（3）：88-98.

[112] 崔玉谦，耿燕辉. 早期督亢故地研究二题 [M] //《传媒与艺术研究（2022 年第 1 辑）. 保定：河北大学出版社，2022.

[113] 崔幸. 试论侯外庐对乾嘉汉学研究的贡献 [M] //杨共乐. 史学理论与史学史学刊（第 27 卷）. 北京：社会科学文献出版社，2022.

[114] 王新成. 后燕定都中山考 [C] //"生态、社会与文明：华北区域历史文化"学术研讨会会议论文集. 保定，2022.

[115] 崔玉谦，徐舒. 民国时期《满城县志略》赵简子筑城地记载分析：兼论两汉时期北平县地望 [M] //河北大学文学院. 燕赵中文学刊（第 1 辑）. 北京：社会科学文献出版社，2022.

四、学位论文

[1] 周国琴. 十六国时期太行山区丁零翟氏研究 [D]. 呼和浩特：内蒙古

师范大学，2003.

［2］　崔芸.《史记》"三家注"研究［D］.广州：暨南大学，2004.

［3］　孟宪玉.宋真宗潜邸旧臣研究［D］.保定：河北大学，2005.

［4］　马旭辉.唐末五代幽州刘仁恭政权及其与契丹关系研究［D］.保定：河北大学，2008.

［5］　崔赢午.汉代宫廷医疗问题考述［D］.长春：吉林大学，2009.

［6］　武黎嵩.春秋穀梁经传综合研究［D］.南京：南京大学，2011.

［7］　崔英杰.东晋政治影响下的史学研究［D］.石家庄：河北师范大学，2011.

［8］　邱赫楠.蒲阴陉沿线关隘型村落特征研究［D］.天津：河北工业大学，2012.

［9］　谢琛.司马彪《续汉书》研究［D］.合肥：安徽大学硕士，2012.

［10］　崔峰.入传、对话与突破：从鸠摩罗什入华传教看印度佛教向中国的输入［D］.西安：西北大学，2013.

［11］　杨蕴芳.两汉政府决策信息采收渠道研究［D］.太原：山西大学，2013.

［12］　王思浩.盛中唐应制诗研究［D］.汉中：陕西理工学院，2014.

［13］　张超.《水经注》与汉魏文化地理［D］.汉中：陕西理工学院，2015.

［14］　秦婧茹.南宋临安商人商业经营研究［D］.杭州：浙江工商大学，2015.

［15］　黄小霞.事始物原书籍研究：以唐宋为中心［D］.成都：西南交通大学，2015.

［16］　陈茜.唐五代税草问题述论［D］.西宁：青海师范大学，2015.

［17］　崔会琴.十六国北朝时期敦煌大族及其家风研究［D］.武汉：华中师范大学，2016.

［18］　喻娟.唐修《晋书》与王隐《晋书》对比研究［D］.南充：西华师范大学，2016.

［19］　崔欢欢.河北省政府推进文化产业园区建设问题与对策研究［D］.石家庄：河北经贸大学，2016.

［20］　黄宁宁.河北山水地名和政区地名用字探析［D］.重庆：四川外国语大学，2016.

［21］　崔明奕.作为传统手工艺载体的古村落保护：以三卿口古瓷村为例

　　［D］. 深圳：深圳大学，2017.

［22］　宋祖雄. 后赵汉官群体政治地位研究：以官爵为中心［D］. 徐州：江
　　　　苏师范大学，2018.

［23］　崔灿. 晋祠园林建筑历代演变研究［D］. 太原：山西大学，2018.

［24］　刘宇灿. 中古时期文本中的水神意象变迁：以《文选》为中心［D］.
　　　　泉州：华侨大学，2018.

［25］　崔喆. "传统"的传承［D］. 昆明：云南财经大学，2018.

［26］　陈洁圆. 《汉书》未署名音义整理与研究［D］. 贵阳：贵州大学，
　　　　2019.

［27］　赵槿槿. 燕赵地域文化视阈下的河北博览类建筑设计研究：以定州博
　　　　物馆为例［D］. 长春：长春工程学院，2019.

［28］　胡涛. 杨守敬题跋中的书学观念研究［D］. 泉州：泉州师范学院，
　　　　2020.

［29］　刘璐. 秦汉水运交通研究［D］. 湘潭：湘潭大学，2020.

［30］　崔翔. 太行山区晋豫古道沿线节点聚落空间形态研究［D］. 济南：山
　　　　东建筑大学，2021.

［31］　牛政威. 两汉重名县级行政区划研究［D］. 包头：内蒙古科技大学包
　　　　头师范学院，2022.

［32］　刘士伟. 后燕兴衰研究［D］. 淮北：淮北师范大学，2022.

［33］　王曼婷. 北魏孝明帝朝内庭争斗与政局变迁研究［D］. 哈尔滨：黑龙
　　　　江省社会科学院，2022.